曾惊秋肃临天下 敢遣春温上
笔端 尘海苍茫沉百感 金风
萧瑟走千官 老归大泽菰蒲尽
梦坠空云齿发寒 竦
听荒鸡偏阒寂 起看星斗
正阑干

亥年残秋偶作录应
李秉中兄教正 鲁迅

1935年12月5日，鲁迅赠与好友许寿裳的真迹

鲁迅先生致李霁野手稿
1928年3月1日

霁野兄：

律稿很好，今寄还。我近来颇想译大
可不必专卖力气，以免多费用力，妹译一册
未免……

……此次来信中的问题，前信均已答复了……

鲁迅先生致蔡元培札
1923年

天民先生左右，适蒙……舍弟建人
未入学校，初治小学，习習英文，现在可
看頌深專門書籍，其而肄究者为生
物学，曾在绍興为師範生及女子師範
学校博物学教員三年，此次志願专在
赴京大学留生以備徐漢研究……任職
为難，报私願印在该校任一教科以外之事
務並以自给也，专此布達，敬请
道安

周树人谨状

鲁迅先生设计的《朝花夕拾》的插图

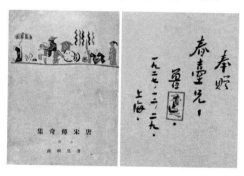

鲁迅先生设计的
《唐宋传奇集》封面

鲁迅先生手迹

鲁迅先生设计的《海燕》封面

鲁迅先生设计的广告海报

鲁迅先生在《心的探险》封面上使用的雕刻画

鲁迅先生为《萌芽》杂志刊名设计的字体

目录

第一章　求学

第二章 苦闷

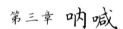

第三章 呐喊

第四章 彷徨

第五章 风潮

第六章 论战

第七章 横站

第八章 晚年

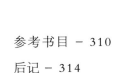

序一　鲁迅研究，要寄希望于青年

　　张思哲写毕《亲爱的鲁迅先生》找上门来，请我写序，起始，我是坚决不写。一则我年迈，已无精力写；二则，给鲁迅写传的都是对鲁迅有专门研究的专家名流，一个年轻人能写得了吗？拿来书稿后我就看，想不到我看着看着，几十万字的书稿竟然两天内就看完了。我心里有说不出的高兴，心想，这年轻人能行，书稿质量不错，这序我可以写了！

　　鲁迅一生只活了56岁。用现在的话来说，他不老，离60岁退休还有4年哩！人生是个旅程，他的人生旅程不算长，但却很曲折。

　　他，1881年在绍兴出生，绍兴是他的人生起点；他生命的最后10年在上海度过，上海是他的人生终点。这中间却有八个停脚点：1898年到南京上学；1902年到1906年在日本（仙台、东京）留学；1909年回国到杭州浙江两级师范学堂任教；1910年到绍兴府中学堂任监学；1912年应蔡元培邀请到南京任教育部部员；随之教育部迁北京，又任教育部社会教育司第一科科长和佥事；1926年到厦门大学任教；1927年到广州中山大学任文学系主任兼校教务主任等。其间，在北京有14年多，时间最长。

　　1898年，他在南京江南陆师学堂附设的矿务铁路学堂上学期间，读《天演论》（译本），接受进化论的思想，这成为他早期乃至前期世界观的主导部分；1906年在日本留学期间，弃医从文，他的世界观不仅是进化论，他的人道主义和个性主义思想也表现得十分突出；1927年在广州中山大学任教期间，经历广州国民党政府发动的"4·15"反革命政变和白色恐怖，密切接触共产党人和进步书刊，这一阶段在思想上认识到进化论的"偏颇"而接受阶级论等。

这三点，都改变了他的世界观，均应视为他在人生旅程中的三个转折点。

他的一生，北京时期（1927年以前），以创作小说为主，杂文次之，外加参加北京学生爱国运动而出彩；上海时期（1927年以后），以创作杂文为主，小说次之，外加参加领导左翼文学运动而出彩。

综合上面这些，毛泽东评价他"不但是伟大的文学家，而且是伟大的思想家和伟大的革命家"。

他一生56个春秋，有18个春秋在教育部上班，或在学校上课。

如果，我们再给他加上一个"伟大的教育家"（这不是我硬加，是不少人研究的结论），那么这四"家"一起，就是一个完整的鲁迅。

我们若给鲁迅立传，如果着重写这四"家"，那么这"传"，不论大小、长短都是可以的。现在，仅我见到的鲁迅传记（包括评传），不论是中国人写的还是外国人写的（不算画传）就有40多种，而且还有人在继续写，张思哲就是一例。

那么，张思哲这本《亲爱的鲁迅先生》写得如何呢？

是"鲁迅传记"吗？

他的这本传记，从鲁迅一生的起点写到终点，包括中间的"八个停脚点"，有轻有重，均一一写到。"三个转折点"，不仅叙事，于情于理亦有所揭示，等等。它，不仅较生动地记录了鲁迅一生的行为轨迹，也写出了鲁迅较完整的心灵历程。由此看，作为人物传记它是完全达标的，是完全合格的。

所谓人物传记，是专门较完整地记录人物行为轨迹和心灵历程的散文，属历史范畴。

这本传记，两方面都真实地写到了，写得很好。

这本《亲爱的鲁迅先生》，记述了鲁迅一生的主要行为，并记述其与此种行为相辅相成的语言，颇能表现鲁迅"这一个"人的性格风貌。它，大节细节并重，既记述了鲁迅一生的得意之处，也记述了鲁迅一生的失意之处；既写出了时代的风云变幻，也写出了鲁迅个人将时代作为舞台的独有表现（用的都是实有的历史资料，不存在虚构），历史感特别强，但这些都不算这本小传的写作特点，因为这些都是写人物传记的基本要求。

它的写作特点在哪里呢？

我以为最突出的有两点：一是传记作者直接出面讲话，不失时机地对传主加以评价；二是传记作者使用文学手法表达对传主的挚爱与崇敬。

例如：

1922年2月，鲁迅迎来了"漂泊诗人"爱罗先珂。本书作者这样写道：

> 这位来自乌克兰的盲人诗人，是一个世界主义者，他的足迹遍及世界各国。然而，因为思想激进，他屡遭各国政府的驱逐。这次到中国，是接受北京大学的邀约教授世界语课程的。
>
> 蔡元培校长将他安排住在了周氏兄弟的八道湾。
>
> 爱罗先珂，住在后院东头的客房。
>
> 不久，鲁迅跟爱罗先珂就成了密友，他们无话不谈，无所不讲，仿佛是故交，他们惺惺相惜。

与爱罗先珂相处，使鲁迅干涸的灵魂得到了滋润；与爱罗先珂交谈，使他烦闷的心灵得到了舒展。他想：一个外国人，不远万里来到了中国。眼睛看不到，还是单身，寂寞于之，又意味着什么呢？

作为一个四处碰壁无家可归的盲人诗人，寂寞对他而言，如一把六弦琴。

又如，1936年10月19日鲁迅在上海病逝，《亲爱的鲁迅先生》作者这样写道：

> 19日下午，全国各大报刊的头条报道了文坛巨星鲁迅先生逝世的消息。
> ⋯⋯⋯⋯⋯
> 凭吊，一万余的民众，瞻仰他的遗容；追随，六七千的民众，一起为他送葬。
> 22日下午4点，在万国公墓，鲁迅先生的葬礼开始了。
> 全世界千百万的人民，一起哀悼这颗文坛巨星的陨落。
> "民众的葬礼"，在中国是破天荒的第一个。
> 鲁迅先生不是基督，但骨子里有一种与民众休戚相关的情怀，这应该就是民众发自内心敬爱他的缘由吧！

作者张思哲，通读过《鲁迅全集》，亦精读过李长之、竹内好、钱理群、孙玉石、林贤治等人研究鲁迅的著作，更细读过许寿裳、许广平、周作人、周建人等人回忆鲁迅的著作。他广泛搜集并利用资料，史实真实可靠，所写有根有据，使一个个性鲜明的鲁迅跃然纸端，语言也比较准确生动，这就是这部作品给我留下的突出印象。

显然，这本书有自己的价值、有自己的特点，值得我们一读。

众所周知，鲁迅弃医从文，是为了改变国民的精神。为了实现自己的这个"梦"，他从国外引进并加以改造，用白话文开创了现代小说新文体，而且还开创了被人称之为"鲁迅杂文"的现代杂文新文体。

他，是中国现代文学史上最具创造性的文体大家。

他，用自己开创的现代小说这种新文体写出了一大批震撼文坛的优秀小说，塑造了阿Q这样具有世界影响力的典型人物形象；他，用自己开创的现代杂文这种新文体写出了一大批优秀杂文，用作匕首、投枪向"吃人"的社会开战，为社会的改革、进步开道。

他，是中国现代文学史上最伟大的文学家。

他，在文学上所取得的成就，有如一座高山，至今无人能够超越。

20世纪80年代至90年代，北京有一批博士多次搞民意测验，给现代作家排座次，也没能挤掉他的第一把交椅。

他，就是中国现代文学的奠基人，这是历史的结论。

我们，对鲁迅的研究已经有一百多年的历史。

20世纪90年代中期以前，它的趋势是深入的、扩大的、发展的、生机勃勃的，逐渐成了一门显学。而20世纪90年代中期以后则是萎缩的、衰退的、没有生气的、缺血缺钙的，逐渐成了一门寻常的无谓之学。

但是，鲁迅之学是不会消亡的。

因为，有利于人类精神文明发展和提升的一切人类智慧和学问，都是人民的迫切需要，都不会消亡。

怎么办？

梁启超说："老年人常思既往，少年人常思将来。惟思既往也，故生留恋心；惟思将来也，故生希望心。"（《少年中国说》）

我们要把鲁迅研究的"将来"寄托在年轻人身上，因为年轻人最有希望。在鲁迅研究上，我们需要在年轻人中倾注精力、发现人才、培养人才。鲁迅学是我们的，但归根结底是他们的。

这，也是我给这本书写序的根本原因。

鲁迅在青年中有了粉丝，这是令人感到欣慰的。

我相信，这只是张思哲鲁迅研究的发端。希望他继续努力下去，争取在做学问上，在鲁迅研究上取得更大的成绩！

鲁迅的精神，将永远绵亘在锦绣的中华大地上！

鲁迅研究，要寄希望于青年！

是为序！

段国超

（1940年生，湖北省罗田县人。陕西渭南师范学院人文学院中文系教授，著名鲁迅研究专家。著有《鲁迅家世》等作品。）

序二　真实的鲁迅

被多数名家写过的鲁迅先生，他的故事几乎家喻户晓。

只要是有着九年义务教育背景的中国人，或多或少都知道点关于他的那些事。

迄今为止，在四十几种关于鲁迅先生的传记中，每本传记的创作，都是一次误解与澄清的较量。

那么，真实的鲁迅是什么样子？

他是如何从平凡走向伟大的？

在研究抒写鲁迅的过程中，我发现他的一生可以用十个数字概括。

一个多舛的时代：晚清民国。

两件伤心事：无爱婚姻与兄弟失和。

三个长辈无形的影响：祖父、父亲与母亲。

四个不同时期的知己：周作人、许寿裳、许广平、瞿秋白。

五本传世的经典著作：《呐喊》《彷徨》《朝花夕拾》《野草》《故事新编》。

六个鲁迅生平最为关注的文学青年：刘和珍、柔石、丁玲、萧红、萧军、冯雪峰。

七次人生历程的转战：绍兴、南京、日本、杭州、北京、厦门、广州、上海。

八位与鲁迅展开论战的主要作家：陈西滢、高长虹、冯乃超、阿英、成仿吾、梁实秋、郭沫若、施蛰存。

九种影响鲁迅思想的书刊：《山海经》《天演论》《新生》《新青年》《苦闷的象征》《语丝》《莽原》《奔流》《毁灭》。

十个鲁迅探讨国民性的话题：吃人的历史、权力者、奴才与奴隶、启蒙、流氓、群众、传统与改革、斗争与反抗、知识分子与青年、民族的脊梁。

这是鲁迅先生的人生图谱，看似冰冷简洁，却又异常复杂。

这些严肃的著作和理论，筑成了鲁迅的伟大，却掩盖着真实的鲁迅。

陈丹青曾说，鲁迅是百年来中国第一好玩的人。读《鲁迅全集》，便不难发现这话其实不假，真实的鲁迅，绝非一味横眉冷对的斗士，他还是很懂得享受生活的"生活家"。

能够享受生活的惬意，离不开金钱的支撑。真实的鲁迅，不会假清高地不谈"钱"，反而，他总是不厌其烦地在日记里，记录着自己的收入与开销。

在北京，他的收入，主要是公务员工资与兼职课时费。尽管教育部与高校一度拖欠工资，但总体而言，他的收入还是相当可观的。每月300银圆的薪金，对于一家人的生活还是绰绰有余的。

在上海，他的收入，主要是稿费与版税。彼时，鲁迅先生可是民国著名的畅销书作家。仅李小峰的北新书局，支付给他的版税期，就长达154个月，每月平均360.7元，共计5.55万余元。

如此说来，他手里的那支笔，哪里只是什么投枪或匕首，分明就是永不枯竭的摇钱树嘛。

生活中，鲁迅还是一个喜欢吃零食的资深吃货。

他很喜欢北方的面食与菜品，尤其北京菜。翻开《鲁迅日记》，我们看到的是他记录的北京65家餐馆，比如广和居、同和居、致美楼、广福楼、中央饭店……

因为熬夜写文章的习惯，他尤其喜欢在深夜吃一些零食点心。

在北京，每日下班回家，他总要买些法式糕点，用来孝敬母亲和犒劳自己。他喜欢的零食，有花生、核桃、杏仁等干果，还有萨其马、羊羹、柿霜糖、蜜饯等甜食。

因为喜欢吃甜食，鲁迅先生不免也成了一个终生的"牙痛党"。

不吸烟，不成活。

鲁迅先生一辈子不离手的，既不是手中的笔，也不是什么零食，而是一支烟雾缭绕的香烟。

他，可谓是一辈子戒不掉烟的"大神级烟民"。

许广平回忆，他每天吸烟总在50支左右。就连他笔下的小说人物，也喜欢夹着烟卷吞云吐雾。显然，他的病逝，或多或少与毫无节制的吸烟有关。

人到晚年，有了小海婴，鲁迅先生开始喜欢看电影。

据统计，最后10年，他看过的电影多达142部，几乎都是外国电影。他喜欢看美国的好莱坞大片，几乎占了看过电影总量的四分之三。各种探险片，也是鲁迅的最爱。无论纪录片还是科幻片，都是他孜孜不倦喜欢观看的片子。比如，《人兽世界》《南极探险》《荒岛历险记》……

为了照顾小海婴，鲁迅先生也看一些迪士尼的动画片。比如，风靡全球的《米老鼠》这样老少咸宜的佳片。

如此生活中的鲁迅先生，形象不再是严肃和枯燥的了，而是多了些烟火气。

他感情的匣子被世人打开后，他的形象就更多了些柔软和温度。

他的前半生，都纠结在与朱安无爱的婚姻中，幸而遇到了他的小鬼许广平，让他的后半生品尝到了爱情和儿子承欢膝下的亲情。

　　我阅读研究鲁迅先生10年之久，了解越多越发现，鲁迅先生思想之深奥，人格之伟大，依旧应是时下青年的精神领袖。

　　了解他的一生，我们仍需从一开始，沿着时间的坐标，看他经历的时代，拆解他的著作，读他激昂的论战文章，体悟他的迷茫和忧虑……

　　一步步地向着他筑就的中国现代文学高峰迈进！

张思哲

第一章

求学

少年辛酸困顿时

寻求别样的人生

一生难忘是童年

风雨如磐暗故园

母亲的礼物

离仙台弃医学文

一生难忘是童年

童年的情形，便是将来的命运。

——《南腔北调集·上海的儿童》

百草园

1881年9月25日，绍兴府会稽县东昌坊口新台门周家，迎来一个男孩的降生。这个男孩的降生，为周家兴房又添了新一代的香火。

祖父周福清给他取名"周樟寿"，寓意周家将来能有个好兆头。

长庆寺龙师父给他取号"长庚"，寓意长庚保佑长命百岁。

依照绍兴的习俗，孩子在吃奶前，先要尝一下酸甜苦辣咸五味。小樟寿，也是品尝了的，这也寓意着他将要用一生尝尽这人世间的酸甜苦辣咸。

小樟寿，作为周家的大少爷，其成长是不缺少爱的，父母、祖父母甚至曾祖母，皆将他视为心肝宝贝地疼爱着。小樟寿的童年，自然沐浴在温和与爱的氛围里。

可爱与顽皮是儿童的天性，小樟寿的童年也不例外。

小樟寿的大部分童年时光，是在自家"百草园"里嬉戏玩耍度过的。碧绿的菜畦、光滑的石井栏，是快乐的游戏天地；肥胖的黄蜂、轻捷的叫天子，是忠实的儿时玩伴。

春暖了，花开了，园子里杂草丛生，各种蔬菜瓜果也顺势长了出来。在这里，小樟寿可以聆听夏蝉长吟，云雀欢叫，油蛉低唱，蟋蟀弹琴。如是童年，一点也不孤单，因为有这么多的花草树木、昆虫鸟儿相伴。

到了冬日，百草园就显得有点无聊，没有什么生机了。不过，小樟寿会自己创造乐趣。尤其是下雪天，别有一番乐趣，不仅可以塑雪罗汉、打雪仗，还可以在雪地里捕"张飞鸟"。

于他，百草园还是一个承载了童年梦幻般记忆的"荒园"。

他听长妈妈说，长满草的去处，曾有一条赤练蛇经常出没，幻化成美女，引诱读书人，后来被一个老和尚的宝物飞蜈蚣给灭了。

之后，夏夜乘凉，他总是心惊胆战的，不敢看墙上，更不敢到处玩耍。

社戏

幸福的童年，离不开温馨的母爱。

小樟寿的母亲鲁瑞，是会稽县东北乡安桥头人，出身官宦人家。喜爱看戏的母亲，自然影响了他的兴趣。

那年，他跟随母亲到乡间避暑，在外婆家三十里外的赵庄看社戏。那一夜，他与双喜、阿发等小伙伴，一起趁着月色到赵庄。

戏文早已忘却，他却始终难以忘却那一夜如诗的月色，难以忘却那一夜吃过的罗汉豆，难以忘却那一夜与小伙伴们在一起的欢快。罗汉豆，是阿发提议偷自家的豆子，这份来自小伙伴单纯质朴的真诚，让他感到了无限暖意。

　　真的，一直到现在，我实在再没有吃到那夜似的
好豆，——也不再看到那夜似的好戏了。

（《呐喊·社戏》）

　　小樟寿的一部分童年时光，就是在乡下外婆家这样度过的。

　　在这里，他零距离体验到一种区别于城里的生活；在这里，他不用整日背诵拗口的古文，还可以享受客人一般的待遇。

　　此去经年，他还记得，与小伙伴一起欣赏点点渔火的河上夜景；还记得，与小伙伴到岸边放鹅、牧牛、钓虾、捉鱼。

　　在这片自由的乡土世界里，他不仅学到了许多有趣的生活小知识，还构建起了终生关怀社会底层的乡土情结。

《山海经》

　　不知几时，小樟寿在蓝爷爷那里得知，有一本神奇的书叫《山海经》。

　　遗憾的是，蓝爷爷也不知道将这本神奇的书放在了哪里。小樟寿确实很想看，但又不好意思劳烦蓝爷爷去找。问别人，谁都不知道。好奇心驱使，为得到这本心爱的宝书，他积攒了几百文压岁钱，跑遍绍兴城的所有书店。不过，最后还是没寻到。

　　子不语，怪力乱神。

　　小樟寿，就是偏爱这样稀奇古怪的神话故事。

　　瞧，就连不识字的长妈妈，也关心地过问"三哼经"是怎么一回事。

　　哥儿，有画儿的"三哼经"，我给你买来了。

（《朝花夕拾·阿长与山海经》）

一个月后，长妈妈竟然做到了，四本小小的书，的确是插图本的《山海经》。人面的兽，九头的蛇，三脚的鸟，果然都在里面。欣喜啊，别人不肯做或者不能做的事，长妈妈却一声不响地做到了；感动啊，因为她心里惦念着自己，因而不顾一切为自己寻到了。可以想象，一个不认识字的乡下妇女，是怎样跑遍了一家家书店，最终买下了这四本"三哼经"。

于小樟寿天马行空的天性而言，或许只有奇特的《山海经》，才能给他一片自由想象的天空。事实如此，正是这四本插图本《山海经》，激发了小樟寿的奇思妙想，让他拿起了笔来也尝试着画画儿。

> 读的书多起来，画的画也多起来；书没有读成，画的成绩却不少了。
>
> （《朝花夕拾·从百草园到三味书屋》）

喜欢上了画画儿的小樟寿，让一个个美丽的神话在笔端慢慢地复活，并构建起一个个美丽的崭新世界。

运水

在小樟寿的童年，让他最不能忘怀的一个儿时玩伴，叫章运水。

小樟寿认识运水的时候，大概10多岁。

有一年的除夕夜，曾祖母戴老太太去世了，周家要年祭先祖，缺一个看祭器的人手。于是，运水的父亲章福庆，提议让自己的儿子前来帮忙。就这样，小樟寿认识了对他来说神奇的运水。

运水心里装着无穷无尽的稀奇之事，都是小樟寿这个住在城里的大少爷所不知道的。

聪慧的运水，常给小樟寿讲海边的稀奇事：朦胧的月色、沙地、猹、哗啦的海水，还有馋人的西瓜……听得他心生无限的祈盼，就连神奇的《山海经》，与运水说的海边稀奇事比，也显得黯然无光了。

和运水在一起的日子，小樟寿少了往日那些大户人家的规矩，多了一个孩子应有的活泼天性。

忙碌了一个月，运水要离开了。自此运水深刻地留存在他的心里，也留存在他的文字里了。

> 深蓝的天空中挂着一轮金黄的圆月，下面是海边的沙地，都种着一望无际的碧绿的西瓜，其间有一个十一二岁的少年，项带银圈，手捏一柄钢叉，向一匹猹尽力的刺去，那猹却将身一扭，反从他的胯下逃走了。
>
> （《呐喊·故乡》）

于他的记忆里，不曾忘却那一片月光下，"小英雄"运水给自己带来的欢愉，如一场让人眷念的美梦。

三味书屋

小樟寿渐渐长大，要告别可爱的蟋蟀，进入全城最严厉的私塾；告别好玩的覆盆子，走进三味书屋。

幸运的是，三味书屋的寿镜吾老先生，像蓝爷爷一样，是一个可敬的老先生。

寿镜吾老先生也有一把竹制的戒尺，只不过不常用，偶尔也就在淘气学生的手上轻轻地打几下，以示惩戒。

> 铁如意，指挥倜傥，一坐皆惊呢～～；金叵罗，

颠倒淋漓噫，千杯未醉嗬～～……

　　　　　　（《朝花夕拾·从百草园到三味书屋》）

　　寿镜吾老先生，常常一个人完全陶醉到古文经典里，孩子们则纷纷在下面玩起了纸糊盔甲游戏，小樟寿也不例外，干脆描绘起心爱的画儿。

　　小樟寿终究还只是个孩子，顽皮可爱的天性，在三味书屋里也未曾减少。

　　调皮的他，一次在庙会扮小鬼没抹净脸，就跑回了三味书屋，惹来一片不小的骚乱。他也刁钻，一次捉弄同窗玩伴，让其以"四眼狗"回答寿镜吾先生的对子"独角兽"，惹得大家哄堂大笑。

　　三味书屋，虽不似百草园的宽大，却也有一小块园地。这块园地，成了他们嬉戏的场所。在这里，他们折蜡梅、寻蝉蜕、捉苍蝇、喂蚂蚁，给单调的学习生活，增添了不少的童趣。

　　远离了四书五经的古板束缚，激发了小樟寿来自天性的求知，从而将他带到了一个更广阔的想象天地。

　　对阅读的本能的渴望，则让他不甘心只满足科举应试的唯一目标。

　　他的求知目光，让他扫尽了一些野史闲书。在家里，祖父允许孩子们读些通俗小说，小樟寿很早便对这类小说感兴趣，自然在三味书屋他也常会偷偷地看一些心爱的课外书。

　　一个喜欢读书的孩子，必不会将其阅读视野禁锢在乏味的教材里，而是会不断探索更广阔的知识世界，比如那些丰富多彩的课外书籍。事实上，古今中外的大家学习语言，皆是三分得益于课内，七分得益于课外。

　　成长，不仅是身体的成长，更是精神上的成长。而精神上的成长，就需要书籍来作为精神营养的哺育。

　　不得不说，正是三味书屋的"布衣暖、菜根香、诗书滋味长"，养成了他终生珍惜光阴、勤奋读书的良好习惯。

少年辛酸困顿时

有谁从小康人家而坠入困顿的么，我以为在这途路中，大概可以看见世人的真面目。

——《呐喊·自序》

变故

幸福的童年过后，随之而来的是不幸的少年时代。

在这期间，周家兴房发生了两次重大的家庭变故，严重地刺痛了小樟寿的心，给他留下了终生难以抹去的伤痛。

第一次，是祖父周福清被捕下狱；第二次，是父亲周凤仪英年早逝。

祖父介孚公周福清是一个要强的人，考了一辈子的科举，总算为周家赢得了一块翰林金匾，在京城谋得一个内阁中书的官职。

1893年2月16日，母亲戴老太太病逝，他为母守丧"丁忧"赋闲在家。恰巧得知，这一年慈禧太后六旬生辰特意加试恩科，并且浙江主考官还是自己同科进士殷如璋。也许是不甘心仕途的不顺，他冒着风险贿赂了主考官；也许是顾虑子孙的前途，他孤注一掷放手一搏。

彼时，于他，贿赂主考官的冒险举动，不仅是心存侥幸地想为子孙打通关卡，更是官场潜规则下的不得不做。

他深知官场的种种腐败，小心谨慎地将凑好的一万两银票附在信封内。

9月初，他便指使机灵能干的仆人陶阿顺操办此事。

只是，谁也未曾想到，如此周密的安排，竟被不懂官场规矩的陶阿顺不耐烦的一声鲁莽叫喊给败露了。原来，陶阿顺是把这次贿赂当成了一件平常的差事了。这一声鲁莽的叫喊，从此彻底改变周家富裕百年的运数，也将彻底改变周氏兄弟的人生。

贿赂之事败露了，陶阿顺逃了，祖父却在劫难逃。

司空见惯的官场腐败，自有一整套"潜规则"。祖父还是太任性了，不知在这样的官场能忍就忍，便是一种适者生存的法子；现实还是太虚伪了，官场如此腐败透顶，却还需要一种维持表面公正的秩序。

官场腐败人尽皆知，然而，那一层窗户纸一旦被捅破，便不可避免得让一两个替罪羊弥补这漏洞。

如此，祖父为了不连累子孙，选择投案自首。

这个未遂的科场舞弊案，不仅按律审理，还要以"欺君之罪"来受理。

1894年1月底，光绪皇帝被惊动了，判鲁迅祖父"斩监候"。

如此判罪，给祖父带来的是命悬一线的惊恐，给周家带来的是极端的煎熬。

祖父被关押到杭州府衙的狱所。万幸，杭州知府和祖父是同科出身，因私人关系得以上下通融了一番。每逢秋后，周家人花些银子上下打点一下，便可以保住祖父下一年的性命。如此，周家气数已尽，一家老小也不得不靠典当度日。

在祖父入狱之时，小樟寿与二弟槐寿无奈地跟随母亲，一起逃亡到乡下外婆家暂避。在这里，小樟寿第一次看到了社会的种种残酷，他再也没受到往日的礼遇，而是受尽了白眼。

寄人篱下，面对种种不怀好意的闲言碎语，他学会了忍耐。

他好想回家，回到那个乐园般的百草园，回到那个有着亲人关怀的周家新台门。

庸医

祖父只能在狱中等死，父亲伯宜公周凤仪呢？

确实祸不单行，因为祖父的这场科举贿赂案，父亲的秀才身份也被剥夺了。无助的父亲，本来在仕途上一直郁郁不得志，好不容易考了一个秀才的功名，还被无情地取消了。这突如其来的变故，更是把家里的重担只压在他的肩上。然而，对一个失落的文人而言，是如此不堪重负。

可是，祖父强悍坚忍的性格，却没有遗传给父亲。

一连数日的拘捕审讯，早已把父亲吓傻。经历如此家庭变故，他本就没有重整乾坤的魄力，还终日借酒浇愁。忧愁，怎会是酒可以消除的，酒反而让他性情大变，变得喜怒无常。心灵的创伤，抑郁的情绪，让一蹶不振的他灰心到极致，开始自暴自弃。

他已彻底颓废，作为长子的他，真的承受不了这些。

更难以承受的是，病痛也没饶过他。

父逝

父亲病了，家里的一切重担，都落到了长子小樟寿幼小的肩上。

为了医治父亲的病，他已经无法像往日那样悠闲地读心爱的野史杂书了，更无法像往日那样安心地读圣贤古书。

每次请医看病，仅一个出诊费就至少要一元四角。

然而，所遇还是庸医。庸医，总是将治疗搞得异常神秘，不外乎为吸引病人家属对其信任加倍支付诊费罢了。一旦医治不了病人，就故意开一些古怪的药引，以此拖延时日。

药引，于名医是为了提高药力，于庸医却是一种故弄玄虚的把戏。

> 因为开方的医生是最有名的，以此所用的药引也奇特：冬天的芦根，经霜三年的甘蔗，蟋蟀要原对的，结子的平地木，……
>
> （《呐喊·自序》）

为了庸医开的这药引，小樟寿遍寻绍兴多半药铺。

两年来，每隔一天，就请一次那庸医给父亲看病，每一次出诊至少花500多元。就这样，在庸医和药费的消耗下，周家再无昔日雄厚的经济实力。对他们而言，典当物件换取金钱成了家常便饭。

小樟寿时常往来当铺与药铺之间，因此忍受了无数的冷漠。

终于有一天，父亲连床都起不了，水肿得厉害。庸医，早已想到这一天，便引荐一个生手，自己完全脱了干系。

为此，周家不得不另请了一个叫何廉臣的"名医"。

这位"名医"，也非神医。每次，他提出一种神奇的治疗方案，父亲总是沉思一会儿，摇摇头。其实，父亲心里明白，自己的病已经无药可救。四年来，不知换了多少所谓"名医"，吃了多少药引，然而，一切无济于事。

死神，逼近了父亲。

弥留之际，小樟寿一声声地叫喊着父亲，可是父亲最终还是撒手人寰离他而去。

我现在还听到那时的自己的这声音，每听到时，就觉得这却是我对于父亲的最大的错处。

（《朝花夕拾·父亲的病》）

当把父亲的丧事办完，周家的四五十亩水田全卖光了。

那一年，小樟寿16岁。

从此，他瘦削的肩头要承担下整个家的责任。

琴姑·心结

感到欣慰的是，在遭遇家庭变故的时候，二弟槲寿、表妹鲁琴姑一直都和他在一起，这让他的心底多了一些暖意。

他，始终深刻记得与琴表妹在娱园共读《红楼梦》的美好情景。

其乐融融，他俩仿佛置身于梦幻的大观园，表妹就是那个娇弱似柳的林妹妹，他就是那似傻若狂的宝哥哥。

只是，大梦将至，归了现实，只落了片白茫茫大地真干净。

表妹鲁琴姑，是小舅鲁寄湘的大女儿，聪明伶俐深得母亲的喜欢，也深得他的欢喜。每每心里委屈时，看到可爱的表妹，他就恨不得将一腔愤懑全诉说给她听，然后，在她面前痛痛快快地大哭一场。

然而，作为周家的长子，他要克制这份情愫，因为身上的重担早已不允许他考虑儿女情长了。另外，冷漠的亲情也将他的这份真心意推得远远的。

琴表妹心里明白，表哥家里出了大事，他的心里肯定很悲伤。无论怎样，不能触及他的伤痛。

两次家庭变故，使他长久地陷入了一种莫名的孤独，亲友的冷淡、社会的冷漠，都让他的内心发生了深刻的变化。

有谁从小康人家而坠入困顿的么，我以为在这途路中，大概可以看见世人的真面目。

（《呐喊·自序》）

家庭的不幸，让他在短短的几年里经历了别人一生都难以经历的变故。这样的深刻体验，他不只是感悟自身命运的悲苦，还体察到世间众生生存的艰辛。或许，对当时的樟寿而言，这只是一种朦胧的意识，却成了他终生难以解开的心结。

以前总能看见母亲的笑脸，现在看到的都是压在母亲心上的悲痛；以前总会遭到父亲的严厉斥骂，现在却只能在回忆中缅怀父亲。还记得，那一次，父亲逼着自己背《鉴略》，他当时感觉相当扫兴。然而，现在他多么想再给父亲背一下《鉴略》。只可惜，斯人不在。

在他的生之岁月，家庭的变故，留给他一种挥之不去的隐痛，如同梦魇折磨了他一生。

寻求别样的人生

走异路，逃异地，去寻求别样的人们。

——《呐喊·自序》

分家·流言

甲午战败，大清王朝的国运，艰难地走到了帝国的十字路口。维新思潮四起，这对新式知识分子而言，不失为一次难得的机遇。

然而，此际周樟寿正艰难地走在人生的十字路口。

周家兴房，在遭遇了两次重大的家庭变故后，只剩了祖母、母亲、周樟寿和两个弟弟，孤儿寡母五人。只是没想到，患难时见到的不是族人的真情，而是他们的贪财和欺压。

摆明了，欺负他们孤儿寡母。

他们，发起一场分房的家族会议。一帮昔日和蔼可亲的族中长辈，竟趁着兴房没有成年男主人做主而变得异常蛮横。结果更可气，他们分给孤儿寡母的房最少又最差。

未成年的他只能强忍泪水，再一次看清世人的真面目。

即便如此，母亲在艰难维持生计的情况下，仍然让樟寿兄弟俩继续读书。坚强的母亲，仍然寄希望于他们。于母亲而言，这不仅仅是她一个未亡人的最后寄托，更是坚守丈夫的最后遗愿。

可是，就在这时候，他还误闯了祸。

起因是衍太太，她明里教唆樟寿乱翻自家的抽屉，暗里却到处传播樟寿偷了家里的东西去变卖。

> 大约此后不到一月，就听到一种流言，说我已经偷了
> 家里的东西去变卖了，这实在使我觉得有如掉在冷水里。
>
> 　　　　　　　　　　　（《朝花夕拾·琐记》）

衍太太，是叔祖周子传的妻子，她真的是太可恶了，成心散布的流言蜚语也确实把樟寿给伤害了。那时，他觉得难以面对母亲，心里始终深存一种愧疚感。

他，决定出走了。

他，要离开这片孕育了他的故土，远离那些莫须有的恶意流言。

离乡·南京

1898年5月，周樟寿下定了决心要离开家乡。

然而，人生出路，在哪里呢？

> 我要到N进K学堂去了，仿佛是想走异路，逃异
> 地，去寻求别样的人们。
>
> 　　　　　　　　　　　（《呐喊·自序》）

他心里明白，走正途的科举之路已经变得异常艰难，而异路又未必好走，前方不是深渊，就是陷入绝境的难以突围。

不过，再茫然无措，他也要离开绍兴城。

进洋学堂，是一条怎样的道路？他不知道，只晓得那是将灵魂卖给了洋鬼子。

既然选择了远方，那便只顾风雨兼程罢！

彼时，在周樟寿的心里，这只是一种无奈的"误入歧途"，殊不知，在那多变的时代，这恰恰给了他一次改变命运的机会。

无论出于怎样的心态，他终究义无反顾地去了南京，选择了抗争命运的路途。

离开那日，一股悲伤情绪，弥漫在他的心底。

五年来，母亲操持这一个破败的家，无数次将心中的希望寄托在了他身上。谁曾想到，他自己到头来竟然连正路也走不了，还要将灵魂卖给洋鬼子。不难想象，她的心底会是怎样的一种失落。

不过，母亲最伟大，她永远默默支持儿子的选择。

她慢慢解开包裹，取出8元"巨资"递给了樟寿，眼底满蕴的是她的依恋不舍。

江南水师学堂

南京这个六朝古都，成了周樟寿的人生第二站。

他，要到江南水师学堂。

他，之所以选择江南水师学堂，其一，因为堂叔祖周椒生在这里教汉文；其二，是因为这个学校学费全免。

叔祖周椒生怕他这样的选择，辱没了先祖，便给他改学名为"周树人"。这也算是叔祖对他"十年树木，百年树人"的善意期盼。改名，未必不是一件好事，于他不仅减轻了辱没先祖的精神负担，更象征着揭开人生命运的新篇章。

他轻松地通过了题为《武有七德论》的入学考试，进入了这所免费的江南水师学堂。

说来，江南水师学堂绝对是一所名不副实的坑人学校。水师学堂开办了好多年，正经水师实践的课程，却几乎没有开设一节。让他难以接受的是，那些教员教学水平差得离谱，净教一些无聊又无用的东西。更荒唐的是，水师学堂竟然连一点与水相关的项目都没有，学校唯一的游泳池，因为曾经淹死过两个学生，也被填平了，后竟然在此处盖了一座小小的关帝庙。

> 总觉得不大合适，可是无法形容出这不合适来。现在是发见了大致相近的字眼了，"乌烟瘴气"，庶几乎其可也。
>
> （《朝花夕拾·琐记》）

事实上，这所水师学堂到处弥漫着一股官僚的腐臭气息。

戎马书生

在这所笼罩着一股旧式酸腐气息的学堂里，周树人追梦的心冷却了，变作一颗失落的心。

他，决定回到久别的家。

只是，回来了却又生出一种莫名的沧桑感。物是人非，儿时的无忧无虑没有了，曾经温馨的天伦之乐也不见了。

一切，都是伤痛。

这时，他只能顺从家人的安排，漫不经心地参加了一次县试科举。

落榜，是意料之中的事。

不过，他并不为此沮丧，他还在寻找别样人生，初心不改。

1899年2月，他进入了江南陆师学堂附设的矿务铁路学堂。

这一次，没有让他失望，算是彻底拯救了他的"求知综合征"。在这里，他感受到了一股浓浓的维新空气，第一次接受了西方文明的洗礼。他还是比较满意这所学堂的，校长是支持维新的新派人物俞明震，学校的思想氛围活跃而有激情。

他以非常浓厚的兴致，开始学习这些新鲜的课程，尤其是地质学与矿物学。一本《地学浅说》，不知给他带来多少惊喜。精心抄录工整的讲义，细心研读新学的知识，每一门课程都正合了他那饥渴的求知欲。此时此地，他那颗求知的心灵，徜徉于人文知识与科技文明的原野，寻觅到了一个个新奇的神秘世界。

正是在这里，他养成了读新书、看时报的好习惯。

学校的阅报处，经常可以看到他的身影。什么《时务报》，什么《译学汇编》，都是他每日翻阅的内容。彼时，在课余时间，他有两个爱好，一是读书，一是骑马。喜爱读书，就不必多说。他常常骑马锻炼，有时也会约上几个好友到野外纵马驰骋。纵然从马背上跌落，也是一种别样的年轻气盛。

好一个文武兼修的理念，让他还一度自称"戎马书生"。

《天演论》

做一个精神富有的书生，是学生时代最开心的事。

彼时，看新书，俨然成了周树人最重要的精神食粮。

其实，他于物质生活没有过多的要求，只要每日有一本好书读就行了。

> 看新书的风气便流行起来，我也知道了中国有一部书叫《天演论》。星期日跑到城南去买了来，白纸石印的一厚本，价五百文正。
>
> （《朝花夕拾·琐记》）

一有空闲，他就照例吃侉饼，就着辣椒，看起了严复编译的《天演论》。正因为怀着急迫而兴奋的心情，他很快便读完了这本心爱的书。

当人生还处在第一次低谷时，"进化论"的第一抹阳光，就这样照亮了他的人生大道。

《天演论》，是一本引发晚清知识界震撼的畅销书。

在激扬的文字、新颖的见解里，他的灵魂被完全征服了。

其实，这本《天演论》的核心文章，只是赫胥黎在牛津大学的一次演讲稿。其前半部着重解释自然现象，宣扬物竞天择，有点唯物主义；后半部重在解释社会现象，鼓吹优胜劣汰，有点唯心色彩。

不过，于周树人而言，这本书却让他第一次知道了"物竞天择，适者生存"的进化论原理，也就此引发了他对个人与国家出路的思考。

自己的出路，由自己决定；同样，国家的出路，也应该由它的国民决定。

一个宏大的知识视野，就此触及了他的灵魂深处。

他，再一次联想到了周氏家族的一步步衰落，再一次联想到了华夏民族的一步步衰败。一种难以道明的危机意识，在他的心底深深地扎根。

自此，他的根深深地扎在生命本体上，在现实的人生际遇里时刻清醒。

痛定思痛，他的探索，从这里开始了。

风雨如磐暗故园

寄意寒星荃不察，我以我血荐轩辕。

——《集外集拾遗·自题小像》

日本留学

甲午海战大败，自称天朝的清政府，不得不接受军事实力不如日本的事实。

庚子赔款之后，清廷朝野上下把目光投向日本。

大清国的学子们，亦清醒地认识到，学习日本将是寻求国家富强的最佳捷径。相对于留学欧美，留日不仅路途短手续少，更因为低成本见效快，吸引了一批批学子前往。

扎堆赴日留学，成了当时一股热火朝天的风气。

1902年1月27日，周树人以一等第三名的成绩，获得了矿务铁路学堂毕业执照。之后，他还幸运地得到了两江总督派赴官费留日的资格。

> 毕业，自然大家都盼望的，但一到毕业，却又有
> 些爽然若失。……所余的还只有一条路：到外国去。
> 留学的事，官僚也许可了，派定五名到日本去。
>
> （《朝花夕拾·琐记》）

多年前，父亲盼着他们兄弟几人，可以出国留学。如今，他以
自己的实力，赢得了这次难得的出国留学机会。

于他，是欣喜的。

无论眼前族里人怎么不理解，说什么留日是一条歧路，但于他
却是一条新生之路。

出国留学，除了兴奋，还需要做好适应环境的相应准备。

> 有一个前辈同学在，比我们早一年毕业，曾经
> 游历过日本，应该知道些情形。跑去请教之后，他
> 郑重地说：
> "日本的袜是万不能穿的，要多带些中国袜。
> 我看纸票也不好，你们带去的钱不如都换了他们的
> 现银。"
>
> （《朝花夕拾·琐记》）

就这样，3月24日，周树人带着本能的好奇和兴奋，依依不舍地
告别了母亲、弟弟和表妹，踏上了东去日本的"大贞丸"号航船。

吸烟

日本，这个难以言说的神秘岛国，成了周树人的人生第三站。

他，刚刚来到这个神秘岛国的首府东京时，心情还是难以平静
的。一个陌生的国度，熟悉适应它成了当务之急。适应异国生活，

就是培养独立意识的开始，也是走向成熟的关键一步。

4月底，他成了东京市牛込区弘文学院的学生，被编入普通江南班，开始了为期两年的过渡性学习。

这所弘文学院，是教育家嘉纳治五郎为中国留学生备考专门学校而设立的补习学校。

据说，这位嘉纳治五郎就是日本现代柔道的创始人。周树人很有可能还选修过这所学校的特殊课程——柔道。

幸好，他在矿务铁路学堂已经学过一些基础科学知识，这样可以利用更多的时间攻读日语。也正是在这个时候，他养成了伴随一生的不良嗜好——吸烟。

基本上，他将零花钱都花在买烟上了，尽管买的都是最廉价的"樱花"牌香烟。

香烟于他，不仅是烟雾缭绕的快感，更是黑夜里享受孤独的慰藉。也许，吸烟可以提高专注力、刺激想象力。或许，对身处异国他乡的周树人而言，吸的不是烟，而是一种孤独寂寞。

彼时，只有作为精神食粮的书，才能使他感到欣喜；也只有阅读，才能让他内心感到一丝丝惬意。如他写的：

> 凡留学生一到日本，急于寻求的大抵是新知识。除学习日文，准备进专门的学校之外，就赴会馆，跑书店，往集会，听讲演。
> （《且介亭杂文末编·因太炎先生而想起的二三事》）

在这里，他依旧对西方的文化思想，保持着异常浓郁的兴趣。

在他的书籍世界里，有古希腊罗马神话、拜伦的诗歌、尼采的传记……

在他的精神世界里，有悲壮的英雄情怀、独立的人格、进取的超人意志……

挚友许寿裳·剪辫

最令他欣慰的是，在弘文学院，他认识了一个终生挚友——许寿裳。

许寿裳是杭州求是书院来的学生，被编到了江南班隔壁的浙江班。

也算是他国遇到了同乡，更是苦闷之时找到了精神知己。多少次感叹身边没有一个知心朋友的他，与许寿裳的相识正弥补了他心里的这个空缺。

平日里，他俩像亲兄弟一样，一起读感兴趣的书，一起讨论书里的观点；一起逛附近的公园，一起买心爱的糕点吃。

许寿裳的身上，展示着一种绅士风度，而周树人却是一种平民风范。然而，习性与性格的不同，并不妨碍他俩共同的志趣追求，他们成了挚友。那时，他特别羡慕许寿裳满头的短发。

辫子，在远离大清王朝时，俨然就成了一个滑稽的存在。

看着一些中国留学生将辫子盘成富士山一样，周树人的心底总是生出一种难以言说的别扭。而在这里，也聚集了一批没有拖着辫子的中国青年，这让他感到了一种未曾感受过的革命气息。

于是，他第一次做了具有革命性的行动——剪辫子。

剪掉作为奴隶标志的辫子，剪掉作为屈辱烙印的辫子，剪掉作为愚昧象征的辫子，这一剪，亦剪出了他的新生。

剪掉令他烦恼的辫子后，他兴高采烈地给自己拍了一张清新的短发照。

照片洗出来后，他还特意在照片的背面，题上了一首七言绝句《自题小像》，并送给挚友许寿裳，以做纪念。

> 灵台无计逃神矢，风雨如磐暗故园。
> 寄意寒星荃不察，我以我血荐轩辕。

国民性的改造

真羡慕周树人在异国他乡，能有一个志趣气味如此相投的亲密知己。

彼时，对周树人来说，再也没有人可以像许寿裳那样理解自己的心、明白自己的意了。

不满现状，自然是他们那一代青年最显著的心态。

然而，他们的不满，不是小肚鸡肠的骂爹埋怨，而是心系家国的大丈夫情怀。他们在一起除了探讨文学和哲学等问题之外，还经常探讨一些有关国民性改造的问题：

> 一、怎样才是理想的人性？二、中国国民性中，
> 最缺乏的是什么？三、它的病根何在？
> （许寿裳《亡友鲁迅印象记·办杂志、译小说》）

可以说，往后余生，周树人对这三大问题的研究，始终孜孜不懈。他后来毅然决然地选择弃医从文，也正是为了解决这三大问题。

其实，对于国民性的改造问题，梁启超算是学界的"泰斗"。

不可否认，周树人的国民性思想深受梁启超的影响。进一步而言，他认识到日本的崛起正是与日本的国民性相关。日本自明治维新以来，日本国民性格里的积极进取，恰恰是当时的中国国民所缺乏之精神。

中国的希望确实在于青年之崛起，然而，反观自己周围的大清朝留学生，却是一种不堪的状态。经常出入留学生会馆的，多是一些屁股扭一扭跳舞的货色。因此，他的国民性探索，回应了丑陋的现实，并深刻地反思了自己与周围的清朝留学生。

从此，国民性的批判，对这个世纪性难题，他用了一生去探索。

国民性的改造，这个全局性工程，则吸引着他用一生来构建。

《浙江潮》·写作

1903年5月，许寿裳接替《浙江潮》主编一职，于是，他开始向周树人诚挚地邀约稿件。

周树人也想借这次机会，尝试着挖掘自己的文学创作能力。

两人，就此一拍即合。

同年6月，周树人第一次发表了自己改写的小说《斯巴达之魂》，叙述了古希腊斯巴达三百勇士抗击波斯侵略军，坚守要隘，最后全部战死的悲壮故事：

> 激战告终，例行国葬，烈士之毅魄，化无量微尘分子，随军歌激越间，而磅礴载刺于国民脑筋里。而国民乃大呼曰，"为国民死！为国民死！"
>
> （《集外集·斯巴达之魂》）

这篇文章借斯巴达勇士的故事，讴歌了超越个人利益的献身精神，更激励了国人保卫家国的决心。

10月，为了唤起国人奋发自强、除弊改良的思想，他特意撰写了一篇与世界科学接轨的科普文章《说钼》。这篇文章，不是简单地介绍居里夫人发现镭的过程，而是深入发掘居里夫人发现镭过程中关于创新和继承的辩证思想。同月，他更调动自己已有的科学知识，夜以继日地完成了《中国地质略论》一文：

"吾广漠美丽最可爱之中国兮!而实世界之天府，文明之鼻祖也。……中国者，中国人之中国。可容外族之研究，不容外族之探捡；可容外族之赞叹，不容外族之觊觎者也。"

游子在外，周树人的心永远在国内。

他始终惦念着自己的祖国，几时才能像日本一样步入正轨，走向强大。

离仙台弃医学文

  ……医学并非一件紧要事，凡是愚弱的国民，即使体格如何健全，如何茁壮，也只能做毫无意义的示众的材料和看客，病死多少是不必以为不幸的。

——《呐喊·自序》

仙台学医

1904年2月，日俄战争在中国东北爆发了。

4月，周树人在弘文学院毕业了。

他从弘文学院毕业，意味着人生走到了另一个十字路口，也意味着人生又面临再一次的选择。按照最初的留学规划，毕业后他便要升入东京帝国大学去念工学系之下的采矿冶金专业，这是当年"东洋公费留学生"最好的待遇。

世事难料，作为弱国的子民，怎么可能免费享受国际一流大学的特殊待遇呢？

日本毕竟是日本，不可能轻易为了一句国际允诺，就随意迁就外国留学生。满足日本国民接受高等教育的机会，还是摆在了首要位置。后来，在日语教师江口老师的一番说解下，他最终下定决心改学西医。

> 我的梦很美满，预备卒业回来，救治像我父亲似的被误的病人的疾苦，战争时候便去当军医，一面又促进了国人对于维新的信仰。
>
> （《呐喊·自序》）

6月，24岁的周树人，正式免试进入仙台医学专门学校学习西医。对中医治疗的失望，让他开始关注西医；对日本维新的了解，让他深信现代西医。不得不说，每当想起父亲的惨死，他总有一种难以言说的愧疚感。当年自己跑遍药店寻找药引子，实质只是充当了庸医的杀人助手。所以，他发誓要学好西医，一定了结这一笔对父亲的良心债。

凡事"以稀为贵"，他算是来到仙台的第一批中国留学生。

所以，他入学仙台医专，还成了仙台《河北新报》等当地报刊宣传报道的一个亮点。

不要以为日本人对待周树人的热情，是一种发自内心的国际友好。殊不知，这些夸张报道，只是当地政府做的形象宣传而已。

日本同学·藤野先生

9月12日，仙台医专举行了开学典礼。

于周树人而言，紧张的学医生活就这样开始了。

然而，渐渐地，孤独感袭击了他。

这样的孤独感，倒不是因为没有一个知心朋友，而是与日本同学之间存在的深深隔膜。

人与人之间有隔膜很正常，更何况还是不同国家的人。只是令人不解的是，日本人的热情与冷漠表现得如此莫名其妙。初到仙台时，他感到了空前的礼遇和热情，每一个细节的关照，几乎达到了极致；然而过后，却转化成一种极端冷漠。

这让他感到特别不适应，仿佛自己成了一个异类，极不自在。因此，他的心中总有一种"被放逐"的漂泊感。

仙台求学期间，就这样不知忍受了多少屈辱、挨了多少轻蔑。

庆幸，有一个叫藤野严九郎的先生对他格外关照。异国他乡，也多亏了藤野先生的关怀，温暖了他冰冷孤寂的心。

据几个留级学生说，藤野先生素日不太重视个人着装，只是对待教学特别认真。但凡真正热爱教育事业的教师，难免总有一点个性特色。藤野先生，就是这样的。

他不修边幅，黑黑瘦瘦的，留着八字胡，看起来像一个40岁的中年大叔，其实他比周树人只年长7岁，那时不过30岁而已。

藤野先生对中国的事情，特别感兴趣。他询问过周树人，关于中国女人裹脚的细节问题。另外，他对周树人的学业也很关注，不止一次给树人细评修改解剖学讲义。

> 我拿下来打开看时，很吃了一惊，同时也感到一种不安和感激。原来我的讲义已经从头到末，都用红笔添改过了，不但增加了许多脱漏的地方，连文法的错误，也都一一订正。
>
> （《朝花夕拾·藤野先生》）

后来，他才知藤野先生之所以如此关心自己，是因为藤野先生自小跟野坂先生学过汉文，因此有着深厚的中国情结。

他自然"爱屋及乌"，对周树人就多了几分亲切，几分关怀。

后来，藤野先生有专门的文章回忆周树人：

周君来日本的时候正好是日清战争以后。尽管日清战争已过去多年，不幸的是那时社会上还有日本人把支那人骂为"梳辫子和尚"，说支那人坏话的风气。所以在仙台医学专门学校也有这么一伙人以白眼看待周君，把他当成异己。

（藤野严九郎《谨忆周树人君》）

不过，藤野先生对周树人的格外关怀，激起了一些日本同学的嫉妒心。

嫉妒心起，势必会制造不少恶作剧。

当时的日本举国上下，到处弥漫着鄙视中国人的风气。一些蛮横的日本学生，就难免滋生一些事端，故意找他的碴。比如那次"泄题事件"。

藤野先生教学异常严苛，所以挂科学生多几乎成了仙台医专的一大特色。

那时，周树人的成绩也不理想，他确实很用心地学了，只是由于种种原因，成绩总是上不去。事实上，在藤野先生的印象里，他也一直不是成绩非常优秀的学生。那一次考试，他的解剖学成绩是59.3分。可是，就这不及格的成绩，还被日本同学无端造谣说藤野先生偏袒他，给他泄了真题。

中国是弱国，所以中国人当然是低能儿，分数在六十分以上，便不是自己的能力了……

（《朝花夕拾·藤野先生》）

人在屋檐下，不得不低头。

如此不可理喻的污蔑，他作为弱国的子民，身在异国他乡，有什么好的法子维护个人尊严呢？

这是彼时他想得最多的问题。

弃医从文·医治灵魂

第二个学年，专业科目里新开设了一门细菌学。

教授这门学科的是中川爱咲教授，每次讲完该讲的内容，他都会用幻灯机放映一段时事片子。

那天，与往日一样，他教授完课之后开始放映片子。

此次，放映的是日俄争夺中国东北的时事片子。日俄两国，都对中国领土虎视眈眈，然而沦为傀儡的清政府，对此却胆怯地一言不发。

在一个镜头里，周树人看到了久违的中国人，然而镜头下的他们正在麻木地观看自己的同胞被枪毙，他的心感受到强烈的震撼。

> 据解说，则绑着的是替俄国做了军事上的侦探，正要被日军砍下头颅来示众，而围着的便是来赏鉴这示众的盛举的人们。
>
> （《呐喊·自序》）

那一刻，他环顾教室四周，却发现日本学生都在拍掌高呼"万岁"。这画面，如针刺般让他痛心不已。

那一刻，他看到人性中的善几乎趋近于零。

一个疯狂的群体，如此疯狂与麻木，失去了一个人该有的同情与怜悯。

他再一次翻开史密斯的《中国人的气质》，"中国人"这三个字，在他的心底不知思索了多久。

作为中国人，难道只能充当示众的材料和看客吗？

此时此刻，他不得不质疑自己学医的意义，到底是为了什么？

也就是在那时，他的脑海里闪过了一个念头：

> 医学并非一件紧要事，凡是愚弱的国民，即使体

格如何健全，如何苗壮，也只能做毫无意义的示众的
材料和看客，病死多少是不必以为不幸的。

（《呐喊·自序》）

就算学医有成，真能救得了中国人的灵魂吗？

痛定思痛，他决定弃医从文。

1906年3月，周树人正式从仙台医专退学了。因为，他不仅想医治国人的躯体，更想医治国人的魂灵。

无路可走的困境中，他想到若要改变中国人的灵魂，要首推文艺。

如是，他选择了诉诸文艺，用文艺传达他的理念，以此医治国人的灵魂。

至此，他拿起了医治国人灵魂的笔。

正是这支笔，在未来的岁月里，开辟了不一样的人生。

母亲的礼物

这是母亲给我的一件礼物，我只能好好地供养它，爱情是我所不知道的。

——许寿裳《亡友鲁迅印象记·西三条胡同住屋》

失望的妥协

1906年6月，周树人回到了东京，他要在这里扬起自己的文学之帆。

可是，正当他满怀欣喜编织自己的文学梦时，一桩无爱的婚姻来到了他的身边。

他接连收到母亲病重的电报，于是，急匆匆地回到了阔别多年的故乡。

踏进家门，看见挂红结彩，他才知道这是一个来自母亲的温情陷阱。

当时我为大先生订了亲，事后才告诉大先生。他当时虽有些勉强，但认为我既做了主，就没有坚决反对，也许他信任我，认为我给他找的人，总不会错的。

（俞芳《我记忆中的鲁迅先生》）

是母亲，先前特意为他订下的一门亲事。

女孩姓朱名安，是叔祖母蓝太太的一个内侄孙女，也算是出身殷富之家的闺秀。母亲订下这门亲事，初衷是为了缓解周家崩塌的经济状况。周家家道中落，不堪重负，需要得到丁家弄里的朱家在经济上的一点援助，最起码在彩礼方面朱家可以做出相当的让步。

其实，母亲执意选择朱安姑娘，还是看上了她温顺的性情。在母亲看来，朱安算是一个会过日子的好媳妇。

就这样，在母亲的筹划下，两家的婚事定了下来。

对于这门亲事，周树人曾妥协过，他只想要求女方放足与进学堂。

他是希望通过一定的努力，尽量缩小二人之间的距离。只是，当时就被朱家断然拒绝了。

对此，他彻底失望了，只能接受女方的缠足与目不识丁。

就此，他对这门婚事采取一拖再拖的态度。

从订婚到现在，这中间一晃就是六年多，朱家托人一次次催婚，看来这次是再也拖不了了。

这次催婚，母亲确实没有法子，更何况朱安姑娘已经快30岁了。

还有，就是母亲听到一个谣言，说树人与一个日本女人结了婚，并且已有了两三个孩子。一个恐惧的念头，在母亲脑海中闪过，娶了日本女人的中国男人，将会永远留在遥远的日本，她害怕他娶了日本女人忘了娘，更害怕耽误了朱安姑娘。

就这样，母亲为他编织了一个善意的谎言。

就这样，母亲为他急切地操办了一场婚礼。

他心里明白：母亲催婚是迟早的事，只是不曾想到，婚事来得如此突然。不妥协，强行反抗，到底伤的还是母亲的心。

不情愿，还有什么法子呢？

不接纳，还能抗争命运吗？

想起母亲这些年，为了抚养他们兄弟三人，不知牺牲了多少。这次为了母亲，他只得牺牲一下自己。他不想让母亲失望，不想与家族冲突，更不想与朱家翻脸。他只得沉默不语，按照母亲的意愿举行了一场旧式的婚礼。

事已至此，他只能顺从一切旧的礼俗。

与其说，他循规蹈矩地顺从了命运的安排，还不如理解为，这是他强抑自己内心的一种克制。

尴尬的婚礼

7月26日，周树人不情愿地将朱安娶进了周家。

朱家为了这场婚礼，也是费尽了心思。他们知道周家大少爷不喜欢小脚女人，就让朱安换上了一双大号的绣花鞋。殊不知，这样的做作姿态，却是树人一贯痛恨的。

就这样，留洋新郎拖着假辫，小脚新娘假装大脚，举行了一场尴尬的婚礼。

然而，这场婚礼给周家族人留下了不祥印象，在族中年老的长辈眼里，呈现出的是异常的别扭和"不吉利"。

作为长子的树人，知道自己所做的一切，只是为了保全母亲与周家的脸面。他心里有一万个不愿意，全都在新婚之夜释放了：

> 结婚的那天晚上，是我和新台门衍太太的儿子明山二人扶新郎上楼的。……当时，鲁迅一句话也没有

讲，我们扶他也不推辞。见了新媳妇，他照样一声不
响，脸上有些阴郁，很沉闷。

（周芾棠《乡土忆录：鲁迅亲友忆鲁迅》）

或许，朱安姑娘曾经还幻想自己能像王宝钏一样，默默的等待
能够换来不久后的幸福。

然而，一个看似喜庆的洞房花烛夜，让她的这一切美好幻想破
灭了。

这一夜，他没有洞房花烛。

这一夜，她的期待落空了。

这一夜，他哭了。

这一夜，她累了。

这一夜，注定不平凡，他没有入睡，心碎了。

这一夜，注定不平常，她彻夜未眠，心也碎了。

这一夜，他俩都沉默了，这样一沉默就是一辈子。

忘不了和无爱

我小舅父四个女儿，个个汉文很好，大女儿琴
姑尤其好，能看懂极深奥的医书，当大哥在南京读
书时，也曾提起过，是否两家结个亲，……后来也不
提了，我大哥始终不知道这件事，而琴表姊却是知道
的，当时没听她说什么，后来小舅父把她许配给别人
了，不久病逝。

（周建人《鲁迅故家的败落》）

或许，周树人心里，还是放不下自己的琴表妹。

两年前，琴表妹过早地离开了人世。听母亲说，琴表妹嫁人之

后，一直闷闷不乐，最终积郁成疾，死时只有21岁。

不过，琴表妹至死都有一个难以释怀的心结。在她心底，不明白为何周家要反悔当初的亲事。

其实，周树人的母亲对她是很满意的，满心欢喜地想把这门亲事定下来。可天有不测风云，一切被保姆长妈妈改变了。周母把自己的想法和贴身妈妈阿长说了，但精通世故的长妈妈，还没等周母把话讲完，就叽叽喳喳说什么"犯冲的呢"。

原来琴姑小树人两岁，生肖属羊。长妈妈"切切察察"地说："琴姑属羊，命太硬，迅哥儿从小身体不好，怕是不好……"

当时社会本来就有封建迷信的风气，人们非常相信这种说法。周母知道后很担忧，便打消了让琴姑嫁给鲁迅的念头。

周母本和树人非常亲密，两人什么事都能商量，却唯独在这件事上擅自主张，第二年春天还帮他操办起了与朱安的婚事，并用"母病速归"一则电报把他骗回来结婚。

物是人非事事休，每当想起琴表妹，周树人心底总有一种隐隐的伤痛。

纵然他和琴表妹，没有什么山盟海誓的诺言，可是，琴表妹对他的依恋，却是一种刻骨铭心的记忆。

或许，于他这就是一场未完成的初恋吧！

人们往往对一件未完成的事，持有一种难以忘怀的心态。于周树人，亦然。他之所以不接纳朱安姑娘，或许是因为他忘不了琴表妹。

金庸《白马啸西风》里的这一句："你心里真正喜欢的，偏偏得不到，别人硬要给你的，就算好得不得了，我不喜欢，终究是不喜欢。"应是印证了隐藏在他心底不可说的这份心事。

另外，对朱安的貌，他心里始终是不舒服的。

　　　　新人极为矮小，颇有发育不全的样子，这些情形，姑媳不会不晓得，却是成心欺骗，这是很对不起人的。

（周作人《知堂回想录·家里的改变》）

确实，女方朱安其貌不扬是一个事实。

当初，谦婶作为牵线的媒人不该过分夸饰女方，这样终究是在树人的心底留下了"被欺骗"的疙瘩。

在心底，他始终难以接受这样的"欺骗"。

一切都成定局，从新婚之夜开始，他俩这一生都形同陌路。这一个沉默的夜，他抱定了做一世牺牲的念头；而她还想着日子久了或许会挽回一切。

然而，这只是她的美好愿想。

事实上，新婚夜后他就到了书房，再也没有跟她同房待着过一夜。

谁能知她的心有多么酸楚？

当他匆匆逃离，谁又能知她的心是怎样的绝望？

他的痛苦和无奈，她或许永不能理解，因为千百年来婚姻不都是媒妁之言定的嘛。她认为自己的婚姻没有什么不同。所以，她安心地等待，等他的回心转意。她决定要用这一生来爱这个男人。

听天由命也好，认命也罢，总之她选择了顺从，而后将自己的一生托付给他。

很难说，他是真的讨厌她出现在自己的世界，还是其他。

也很难说，她是一种服从礼教的自我牺牲，还是真的由敬重萌生爱意。

无论怎样，在时光的洪流里，他们成了合法的夫妻。

这，是不争的事实。

供养的婚姻

"这是母亲给我的一件礼物，我只能好好地供养它，爱情是我所不知道的。"

这是周树人对好友许寿裳说的，满满的无奈。

自始至终，他都不愿接纳命运的安排，始终选择抗争，想将自己从无爱婚姻中解脱出来。

只是，这是一个困局。退一步而言，就算宣布这场婚姻无效，但她仍是他的妻子，虽说是"母亲娶媳妇"，但她毕竟是嫁于他为妻。他可以选择不爱她，但她有爱他、守他一辈子的权利。

可是，他俩压根就没有一丁点共同语言。

他们无法进行正常的夫妻交流，自然也无法理解彼此，最终只能相敬如宾地守着这一桩无爱的婚姻。

不得不说，周树人对朱安的不喜欢，有一种先入为主的意思，是一种难以改变的第一印象。不过，退一步而言，纵然他给朱安改变的机会，她不见得能懂他的心。因为，她总是活在自己的小世界里，想着自己是一只小蜗牛，只要做好一个媳妇的本分，终究有一天会赢得丈夫的心。

她有什么错，凭什么要让她同他一起尝受世间最冰冷的无爱？

她只是一直恪守着千百年来，作为女人该恪守的礼教啊！

她有什么错，凭什么要让她同他一起忍受世间最惨烈的无情？

她只是没有足够的文化修养，来理解他的不平之心而已！

然而，他明知道她没有错，错不在她，还是做不到心甘情愿，做不到接纳朱安姑娘。

一生的遗憾，便是从母亲给的这份"礼物"开始。

他顺从并接受了这无爱的婚姻，也承受了半生的痛苦。

其实，母亲只是一番好意，不承想事情竟然变得如此不堪，更不承想这一件婚事，竟然葬送了他俩的幸福。

他，不幸；朱安，又何尝有幸呢？

他为了掩盖内心的痛楚，只得用尽法子麻痹自己，只得尽力逃避这场无爱的婚姻。他在家里只待了四天，便带着二弟周作人一起东渡日本。

就此，她成了"留守"妻子，终年无语，只默默地守护着老太太。

周树人心里清醒地明白，将朱安娶来，又弃她而去，这是他一生最为难安的心事。

第二章

苦闷

艰难的文学之梦

留学归来当教师

革命带来了什么

风雨飘摇亦苦闷

艰难的文学之梦

我们在日本留学时候，有一种茫漠的希望：以为文艺是可以转移性情，改造社会的。因为这意见，便自然而然的想到介绍外国新文学这一件事。

——《域外小说集·序》

《新生》

1906年7月底，周树人再次回到了东京，暂时忘却婚姻的烦闷，全身心地投入心爱的文学创作中。

1906年5月，周树人与文友顾琅合作出版了自己的第一本书《中国矿产志》。

其实，早在回国完婚之前，他就想创办一个属于自己的文学刊物。他心里明白：要搞文艺运动，必须拥有一个自己的文学刊物，这样才能聚集一批有志之士，组建一支改造国民性的"写作者联盟"。

1907年夏，周树人得以开展疗治灵魂的文艺运动。

这次，有二弟周作人的加盟，也有了几个好友的倾情赞助，创办杂志的工作进行得相当顺利。杂志取名《新生》，不仅寓意新的生命诞生，更寓意民族灵魂获得新的生机。

然而，遗憾啊，正值《新生》杂志临近出版之际，一个个撰稿人却纷纷退出，赞助也落空了。就这样，《新生》还没有见到一丝曙光，就胎死于腹中。

他，是不想把《新生》办成鼓吹革命暴动的政治性阵地。

可是，能有几人理解他的心意呢？

他办杂志的初衷，只是想用文艺刊物净化国人的灵魂，可谁会理睬呢？

文论三篇

《新生》流产了，但并不意味着周树人的文学梦随之流产。

失败不会让他沮丧，反而让他清醒地反思自己的不足。他开始如饥似渴地搜寻、阅读各国文学经典，孜孜不倦地练习各种文学体式的写作。

俗话说，失败乃成功之母。此话一点不假。不久，一个逆转的时机便降临到他身边。

1907年12月，《河南》杂志总编刘师培前来跟他约稿。

正好，他可以把原先为《新生》撰写的文章发表在这里，顺便还可以获得每千字两元的稿酬。

同月，他以"令飞"为笔名，在《河南》杂志第一期刊发了《人之历史》。

《人之历史》，是一篇关于生物进化论的介绍性文章。他在此文中进一步介绍海克尔的种系发生学，及其一元论的生物重演律学说。这篇文章的发表，无疑揭开了他对人性进行深入探讨的序幕。

1908年2月至3月间，他又以"令飞"为笔名，在《河南》杂志第二期、第三期发表了《摩罗诗力说》。

> 今索诸中国，为精神界之战士者安在？有作至诚
> 之声，致吾人于善美刚健者乎？有作温煦之声，援吾
> 人出于荒寒者乎？
>
> （《坟·摩罗诗力说》）

《摩罗诗力说》，是介绍西方文艺思潮的一篇专论。此文，不仅是一篇文艺运动的纲领，更是一篇人性解放的宣言。

1908年8月，他换笔名"迅行"，在《河南》杂志第七期发表了《文化偏至论》。

> 是故将生存两间，角逐列国是务，其首在立人，
> 人立而后凡事举；若其道术，乃必尊个性而张精神。
>
> （《坟·文化偏至论》）

《文化偏至论》，是他论述人的解放的一篇专论，于此明确文艺运动的核心是"立人"思想，"掊物质而张灵明，任个人而排众数"。

综上，这几篇文言论文，可以理解为他改造国民性的总纲，同时也可以作为传播西方思想的先声。

对那时的他而言，《河南》杂志算是一个不错的文艺阵地了。

在这里，他与二弟作人、许寿裳一起构成文艺"三人团"。这个文艺"三人团"，作为战斗在文化第一线的同盟军，算是一次尝试性地实现了知识分子的联合。

不得不说，五四新文化运动之所以能够横扫旧文化，一个不可忽视的前提，便是知识分子的大联合。

章太炎先生

在东京，他们不知搬了多少住处。

记忆深刻的住处，是本乡区西片町十番地乙字七号的"伍舍"，它是文学大师夏目漱石的旧居，也承载了他们一直不弃的文学梦。在夏目漱石故居里，他们零距离地体悟到了偶像的文学情怀。大师的偶像光芒，照耀着他们神圣的文学梦，指引着他们执着地追逐文学梦。

他们都还很年轻，文学绝对是个值得一辈子追逐的梦。

1908年，他们成为章太炎的私淑弟子。周树人，由此也实现了自己至关重要的由"理"转"文"的过程。太炎先生，是大家公认的一个有学问的革命家。他曾说，中国最要紧的有两件事："第一，是用宗教发起信心，增进国民的道德；第二，是用国粹激励种性，增进爱国的热肠。"

让周树人他们最没想到的是，太炎先生竟欣然答应了每周末在"民报社"为青年们讲章氏国学。

大家，终于可以聆听到大师的讲课了。

> 章先生讲书这样活泼，所以新谊创见，层出不穷。就是有时随便谈天，也复诙谐间作，妙语解颐。
> （许寿裳《亡友鲁迅印象记·从章先生学》）

太炎先生每次讲解古籍，周树人总是静静地聆听，极少发言，用心记录。

有一次，章先生问：文学的定义是什么？

树人说：文学与学说不同，学说能够启发人的思考，文学能够增进人的情感。

章先生说：这样的回答确实胜过前人，但仍有不当……

何其幸，他们。

太炎先生在不到半年的时间里，就给他们讲完了《说文解字》和《尔雅义疏》，顺便还讲了《庄子》等古籍。

不得不说，像太炎先生这样的知识分子，尽管在理智上认同西方的价值观，却在感情上丢不开中国的传统思想。

文学梦的幻灭

周树人的文学梦，除了拥有一个《新生》的阵地，还有一个借他人之心声发自己之启蒙思想的《域外小说集》。

1909年3月，他与二弟周作人再次亲密合作，选译了东欧和北欧一些弱小国家的小说，并辑成了《域外小说集》。

他们编译这个集子的初衷是：一、通过小说人物嘶喊的声音，来引起被侮辱、损害的国人的共鸣；二、通过对小说主旨的深入探索，想起到一点治疗国人精神衰颓的妙用。

然而，资金对周氏兄弟而言，一直是个不容忽视的难题。

所幸，得到了同乡好友蒋抑卮的慷慨资助，《域外小说集》没有被搁置幻灭。只是，销量实在难以言说。第一集印了1000册，半年只卖掉了21册；第二集印了500册，最终也只卖了20册。

第一集之所以多卖了一册，是因为许寿裳怕寄售处不按定价而额外需索，所以亲自买了一册。

经过这一验证，他们知道此书的厄运了。

不过，谢天谢地，还算有几十个读者赏脸，买了这套滞销书。然而，还有更为悲惨的，后来寄售处着了火，所有图书一同化成了灰烬。

> 我看这书的译文，不但句子生硬，"诘诎聱牙"，而且也有极不行的地方，委实配不上再印。
>
> （《域外小说集·序》）

晦涩难懂的文字，阻挡了读者的阅读兴趣，读者自然不买账。读者不买账，任何启蒙都只是一场自娱自乐。

读者没能理解他俩的本意，这次文艺运动的失败，只能算是一种"不合时宜"。

换言之，不是读者没有眼光，而是他们的思想有点超前。这超前思想，让他们的文艺运动失去了最基本的读者支持。

但是，不要丧气，开拓者的创业，总是伴随着或多或少的坎坷。

不要放弃，文学梦依然要做。

留学归来当教师

　　鲁迅教书是循循善诱的，所编的讲义是简明扼要，为学生们所信服。

　　——许寿裳《亡友鲁迅印象记·归国在杭州教书》）

留学归来

　　1909年，周树人29岁了。

　　8月，他告别了东京，结束了任性的青春岁月。

　　他之所以匆匆结束七年的留学生活，不是为了报效国家，而是迫于难以负担的经济状况。

　　而这时，弟弟周作人与日本姑娘羽太信子结婚了。那时，周作人还没有大学毕业，留学与生活的费用不够时，还需要他大哥树人的资助。

　　如此，周树人不得不放弃文学梦，回国赚钱做事。

　　贫困和窘迫，向来是中国知识分子所面临的尴尬。一旦贫困难耐，就难免彷徨无措；一旦落入窘迫，就难免自暴自弃。回国不久的他，未必不会面临这样的处境。

现实，往往比预设的道路更艰难。

回到故乡，他并没能马上找到工作。相反，他的一举一动，都被贴上了异类标签。走在熟悉的街道，拖着烦人的假辫，行走在陌生的人之间，连他自己都觉得是一种异类的存在。

不知何去何从，不知还能做些什么？

这一段待业在家煎熬的日子，让他感到一种深深的无所适从。

不过，在朱安看来，丈夫这些天赋闲在家，带给她三年来难得的欢喜。只不过，她所有努力的付出，在他的眼里只是多此一举。

这三年来，只有她晓得自己是怎么煎熬过来的。

她只是期盼自己的痴心等待，可以换来一个好的结果。闲坐，发呆，抽一口水烟，就是她打发漫长时日的手段。殊不知，漫长的三年等待，换来的还是一种熟悉的沉默。

一个月过去了，多亏好友许寿裳的引荐，周树人得以在浙江两级师范学堂担任化学和生理学教员。阴历四月，许寿裳就提前回国，在浙江两级师范学堂担任教务长一职。听闻树人回国，许寿裳便引荐他到了自己任职的学校。

好友的引荐，于那时的他而言绝对是雪中送炭，不仅解决了他的经济问题，两个人在工作上还有了照应。

彼时，以教书作为第一职业，或许是生活所迫，然而，对养家糊口来说未必是件坏事。文学之梦，或许暂时变得遥远，他只能面对眼前的冷酷现实，就先把它埋藏在心底吧。

曾经为了医治国人的灵魂，他义无反顾地弃医从文；而今为了养家糊口，他又重新捡起了丢掉的自然科学。

教书匠

教师，是一个神圣的职业，或多或少可以与医治国人的灵魂联系在一起。

想到这些，周树人还是十分乐意成为一名称职的教书匠。还记得自己当年安慰藤野先生说想学生物学，没想到自己现在真的成了一名生物老师。

他每周要上二十多节课，也是不亦乐乎。

> 鲁迅教书是循循善诱的，所编的讲义是简明扼要，为学生们所信服。他灯下看书，每至深夜，有时还替我译讲义，绘插图，真是可感。
>
> （许寿裳《亡友鲁迅印象记·归国在杭州教书》）

翻译资料、编写讲义、讲授新课，成了他教学工作的主旋律。

他是那么用心地来编写讲义，秉持自己一贯的认真作风。一本《生理学讲义》，凝聚了他多年科学认知的精华，内容涵盖了生理学、解剖学和卫生保健学知识，共计十一万多字。

讲课时，他从不看讲义，侃侃而谈，每一个案例都讲得无比生动有趣，因此他的课特别受学生欢迎。

那时，他白天几乎都与学生们在一起，他很享受这份工作。

1910年，他迎来了教师生涯的第二个阶段，即为自己的课堂改革。

植物学科，本来就源于大自然，所以，他要让其回归自然，用一种情景式的教学方式来讲解它。

于是，他只扼要地讲述重点知识，其余尽量让学生们自主学习。这样，不仅可以最大化地调动起学生们的学习主动性，还可以最优化地培养学生们的自学意识。另外，他还带领学生们收集植物标本，然后让他们独立完成标本制作。他亲自动手做危险的"氢气燃烧"实验，只为让学生们可以直观地观察到这一化学现象。他更严肃地给学生讲生殖系统等知识，让他们了解性教育知识。

无论怎样，周老师都在尽力做好教师的本职工作。

只是，还有一些学生太调皮，总是喜欢做一些恶作剧。这些，让他生出了不少的不快和孤独感。

"木瓜之役"

日复一日忙碌的教学工作，周树人还是干得相当出色。

可是，新学堂监督夏震武的到来，打破了一切。

清末新政，确实带来了不少新思想，但旧文化的保守者依然不甘心退出历史舞台。在新旧文化交替之际，顽固的守旧者们不断地进行反扑。

1909年12月22日，是新监督夏震武上任的第一天，他要求教师们穿着礼服来参见。

他这一拜孔子的作秀，自然遭到了一些新式教师的强烈抗议。

按照以往学校的惯例，新来的监督到任，必定先要拜见各位教员。而今夏震武一反惯例，上任竟然成了教员拜见他。

本以为夏震武只是一个真心守护旧文化的名士，绝不会蛮横地以官僚主义做派给师生施压。然而，并不是。每天他不是训斥师生，就是咒骂新文化。这样蛮横的官僚主义做派，自然引起了大多数教师的反感。

面对这位专横的假道学，周树人和许寿裳等教师，坚决抵制这些倒行逆施的丑态行径。

矛盾一触即发，夏震武决意按照自己的意愿整顿学校，并一意孤行地下令辞退了许寿裳。

教师们，都一致站到了许寿裳这边，纷纷表示辞职；学生们，也群起罢课，外校联合声援，让斗争升了级。

不久，杭州官方碍于不良影响，只好撤换了这个"木瓜"监督。

1910年5月11日，祖母蒋老太太病故了，树人只得从杭州城赶回绍兴奔丧。他是洋学堂走出来的异端人物，周家族人就想看一场好戏，没想到他让他们失望了。他一切都遵循葬礼的预设去做了，并且做得井井有条。不过，作为孝孙的他，没有在众人面前放声大哭。

这是他的一种真性情，他不会刻意在众人面前放声大哭，只会在入殓完毕后，一个人默默地流泪。诚如他自己写的：

> 忽然，他流下泪来了，接着就失声，立刻又变成长嚎，像一匹受伤的狼，当深夜在旷野中嗥叫，惨伤里夹杂着愤怒和悲哀。

（《彷徨·孤独者》）

孤独的祖母，就这样孤独地走完了自己的一生。与其说他是在哭祖母，还不如说是哭他自己。

灰色的教师生涯

奔丧归来，学校的情况并没有好很多。

赶走了一个顽固守旧的夏震武，又来了一个官僚十足的徐定超。忍无可忍中，同事们都纷纷辞职了，最后他也毅然辞职回到了绍兴。

9月，绍兴府中学堂缺一名博物学教员，为了生计他欣然接受了这份工作。

执教不久，他便兼任了学监一职。很快他发现这个学校不只缺少教务资料，还缺乏正规的日常管理流程。

在其位，谋其职。

他，还是很认真地对待自己的工作。

只是，伴随着两次学潮的兴起，他对教学生了失望之心。因为，彼时教育已成了官员腐败的恶政；教员，则成了碌碌无为的办事机器。

于是，在1911年底他毅然辞去了绍兴府中学堂的一切职务。

创办杂志，因资金短缺而失败；留学德国，因母亲阻挡而落空；担任教员，因学校当局而失业……人生的屡遭失败，让他迷惘不已。

出路？

出路在哪里，成了他最迫切要解决的问题。

于是，他不断催促好友许寿裳，在北京先给自己寻一个差事。

换一个角度看，人生未必处处是失败，一些过程也许是一个个阶段性的准备。他的时代还未到来，一切努力看似徒劳，实则是必须积淀修为的过程。

革命带来了什么

我们便到街上去走了一通，满眼是白旗。然而貌虽如此，内骨子是依旧的，因为还是几个旧乡绅所组织的军政府……

——《朝花夕拾·范爱农》

辛亥革命的呼声

1911年10月10日，湖北武昌发生了一次起义，就此翻开了历史的新篇章。

孙中山此前领导的革命起义，一次次遭遇失败，革命一度陷入了低潮，不承想一场武昌起义成了革命新一页的转折点。

清廷一方，难以相信没有多少实力的南方革命党造反何以到了一发而不可收拾的局面？

其实，清廷的种种低劣举措，早已失去了民心。

墙倒众人推，势必会如多米诺骨牌式地倒下，最终走向灭亡。很快，全国各地纷纷响起了革命的呼声，一场场连锁性的起义便发展成了辛亥革命，结束了一个腐朽的封建王朝，开启了一个巨变的共和时代。

11月4日，杭州光复了，周树人盼着绍兴也早日光复。这样，他就可以不用尴尬地拖着假辫子了。

5日，革命的火焰蔓延到了绍兴。

对他而言，革命是迟早的事，只是没想到来得这么快。

革命来得出其不意，让沉寂的绍兴古城变得一片混乱。当天下午，在绍兴府中学堂的学生恳切请求下，他只得回校暂管校务。在开元寺，学生、群众纷纷推举他做越社的主席。

越社，是一个宣传革命的文学社团，可以很好地组织学生上街演讲，宣传革命的意义，也可以组织学生编印革命报刊，宣传革命的动态。

他欣然答应。

而这时，绍兴知府程赞清见风使舵联络当地一些名绅，迅速成立了绍兴临时军政分府，摇身一变从大清知府成了民国都督。

这种换汤不换药的伎俩，自然使得绍兴一带的革命党人大为不满。而它不愧是一个挂羊头卖狗肉的"军政分府"，就连迫害秋瑾的章介眉也成了治安科长。周树人敏锐地看到旧势力的蠢蠢欲动，不得不带领学生们积极地组织武装演讲队。

学生们比他更有活力、更有激情。他们一路高呼口号，散发张贴各种传单，宣传革命，粉碎旧势力的谣言。

就此，辛亥革命之火，便以一种势如破竹的气势在绍兴城蔓延。

新校长

11月9日晚，绍兴城迎来了王金发的军队。

于王金发而言，革命无异于衣锦还乡。

11日，王金发改组了绍兴军政分府，逮捕章介眉，自任绍兴都督。王金发性格奔放豪爽，不愧是一个绿林式的狠角色。他的革命从剪辫开始，随后实行了一系列的改革措施，杀掉了一批反革命分子，释放了一批革命志士。

严惩地痞恶霸，稳定社会秩序；平抑物价，救贫济困；禁止吸毒，严令戒烟。这些是他的革命军做出的最大成绩。

几日后，王金发委任周树人为浙江山会初级师范学堂的监督，并拨发了教育经费。

革命，胜利了。

王金发的到来，重新燃起了周树人的革命热情，也重新复活了他的教育热情。对他而言，教育是可以完成革命的未竟之业的。所以，他一上任就推行了一系列的教育新措施：制定教学计划，整顿校风学风；扩充师资，节省经费。再次倾注了一个革命者的全部热情。

作为一个校长，无论管理校务还是教育学生，他都有着很好的潜质。

让学生进行自我管理，这不是放纵学生藐视规矩，而是最大限度地调动学生的积极性。学生犯了错误，不是一味地惩罚开除，而是调动起学生的意志让其获得一次新的重生。

干劲十足的他，也影响到了做监学一职的范爱农。范爱农突然像变了一人似的，一改平时的散漫，也开始认真地处理教学事务了。

学校缺一名英语教员，树人想起了二弟作人，于是邀作人来担任。

就这样，周氏兄弟齐心协力，开始一起管理这所学校。

只是，变数总来得太快。

王金发的蜕变

权力，是最大的魔咒，会放大人性的贪婪，会轻易腐蚀人的灵魂。

话说，绍兴都督王金发，在权力面前也难免这一遭。

革命胜利还没多久，整个绍兴城就俨然成了他王家的天下。他不仅安插亲信在各个重要部门，还生活奢靡贪腐堕落起来。据说，王金发的夫人回乡省亲，骑着高头大马，一路吹吹打打，堪比晚清某某达官贵妇出行的隆重场面。

权力没了监督，想不腐败都很难。

作为一个政治暴发户，他的腐败已经超出了人们的想象，他不遗余力地捞着钱财，也不遗余力地挥霍。

这，大大地降低了革命政府的威信。

当所有的人都在欢呼革命胜利时，周树人发觉到了这革命背后的隐患。

1912年1月，几个学生也发觉到了危机，便找他商议办一个《越铎日报》。就这样，他们借助报纸的舆论力量，用辛辣的笔，一个月内，连发数篇文章，揭露王金发等人的腐败内幕。

如此尖锐抨击，肯定会激怒王金发，所以，他扬言要派人暗杀周树人。

周树人心里明白，王金发只是恐吓，不至于杀人。更何况，自己只是作为一个诤友，通过报纸给王金发一个善意的提醒，他是不愿意看着这个曾经的革命党人，就这样堕落腐败下去。

果然，王金发够仗义，并没有派人暗杀他。

只是几个月来的革命风暴，再次让他陷入一种迷茫之中。

革命，似乎只是剪了一根辫子，并没有真的带来什么实质性的改变。

1911年冬天，他创作了第一篇文言小说《怀旧》。小说通过一个私塾儿童的视角，审视了辛亥革命期间乡间各个阶层的人情世态。

在一般民众眼里，辛亥革命和"长毛"造反不过是一回事。

于他，却不同。

他，看到了太多的阴暗面和艰险面。

风雨飘摇亦苦闷

> 只是我自己的寂寞是不可以不驱除的，因为这于我太痛苦。我于是用了种种法，来麻醉自己的灵魂……
>
> ——《呐喊·自序》

范爱农之死

1912年元旦，革命临时政府在南京成立。蔡元培被任命为教育总长，他邀请了许寿裳到部任事。不久后，许寿裳的一次举荐，让周树人的人生迎来一次转折。

2月，树人应教育总长蔡元培的邀请，来到了南京任职，他总算解决了工作吃饭的问题。身边还有好友许寿裳，他们白天同桌办公，晚上同床共话，身在异乡总算有个相互关照的人。

4月，国民政府北迁北京。周树人因此住进宣武门外的绍兴会馆。

5月，树人正式到民国教育部上班。刚开始并没有多少事情可做，日子也算格外清闲。

7月19日，二弟作人突然来信告知一个噩耗："范爱农淹死了！"

怎么会被淹死呢？

周树人疑心爱农是自杀，他可是游泳的一把好手。在爱农的所有朋友中，恐怕只有他最了解爱农、理解爱农了。爱农一直视他为人生最后的救命稻草，想尽快逃离不堪的生活境遇。

在树人北上时，继任监督的孔教会会长傅力臣竟然直接将爱农的学监一职设法去掉了。生活的艰辛，让爱农在乡里备受轻蔑和排斥。无所事事，让他变得更加嗜酒如命。借酒浇愁愁更愁，醉酒也只是暂时的逃避。最苦闷时，他总幻想"也许明天就收到一个电报，拆开来一看，是树人来叫我的"。

周树人，也想帮爱农在北京谋一个差事，然而，一直没有机会。

其实，他自己当时的处境也不怎么好，若为爱农谋求的工作不满意，岂不是坑害了好友？他一直有着这样的顾虑。却不知爱农已经处在绝望的边缘，就只他这一根救命稻草了。最终他也没能帮助爱农。

唉……

一种见死不救的愧疚感，始终在他的心底回荡。

22日夜，面对好友范爱农的死亡，树人所能做的事，就是用文字深情地怀念他。

风雨飘摇日，余怀范爱农。

…………

旧朋云散尽，余亦等轻尘。

（《集外集·哀范君三章》）

官吏生涯

教育部内设三司，普通教育司、专门教育司和社会教育司。

司下设科，每科有三四名公务人员。

周树人分在了社会教育司，主要负责图书馆、博物馆和美术馆。

8月21日，他有幸获得一次晋升机会，成了教育部的中层干部。

8月26日，担任社会教育第一科科长，不过，职务和权力并非他关心的，他只想借这个金事职务，为新生的民国教育多做一些实质的工作。

为了筹办历史博物馆，他捐出了个人珍藏的文物；为了扩建京师图书馆，他组织搜集散失的珍贵图书；为了制定汉语注音字母，他不辞辛苦地考证研究。兼职担任教育部通俗教育研究会小说股主任时，他系统地研究了中国古典小说；兼任美术调查处负责人时，他深入地研究了美学源流问题。

这一段时间，他还积极筹办了两个展览，一个是儿童艺术展览会，一个是专门以上学校成绩展览会。两次展览，向国人展示了民国成立以来，教育与艺术的成果。

他心里明白，新生的教育，正是民族未来的希望。

敢为天下先的研究干劲，让他忙得不亦乐乎。

只是，民国政局不稳，北洋军阀在清政府的腐烂躯壳中起死回生了。孙中山的革命党人妥协了，袁世凯之流趁机窃取了国家的最高统治权。恐怖暗杀，始终盘旋在士人的头顶；莫谈国事，成了世人的共知。

1915年12月，袁世凯为了恢复昔日的绝对皇权，不惜逆时代潮流复辟帝制。这一次，教育部门也加入了倒行逆施的复辟活动。为了迎合袁氏的复辟大业，教育总长张一麐指示小说要宣扬忠孝节义之道。

周树人身为小说股主任，却不以为然，一次次坚持自己的革命立场，为此被上级免去了兼职。

全国涌动着一股复古浪潮，而他与教育部同人联名上书，一再驳斥祭孔读经的种种荒谬，因而得罪了一些人，他的仕途就此不稳。

白日里的多样生活

无聊的官员生活，让他感到烦闷。

倘若身体有一点不适，他就借着身体有病不去上班了。

不过，在烦闷的官员生活之外，他一如既往地喜欢搞点文物收藏。

和平门外的琉璃厂，正好就在他往返住所与教育部的途中，这对他而言是烦闷生活中最光亮的存在。

自然，这里成了他每日下班打卡必淘一宝的好去处。

早在他刚到北京的那一周，就曾在琉璃厂买了不少的古籍。久而久之，去琉璃厂就成了他的必修功课，三天两头就会去一趟的。

收藏，逐渐成了他的一个爱好。他收藏的文物，除了古籍之外，还有碑帖、书画、金石、古玩、佛经、瓷器、钱币等等。

除了收藏，他还是个十足的资深吃货。

经常，他与朋友一起以吃遍北京的美食为乐。

在众多的北京餐馆里，他经常去的是广和居。一个原因是，这里距离他的住所很近。有时，他还会直接让广和居送"外卖"到他的住所。另一个原因，这里有很多他喜欢的菜，比如潘鱼、炒腰花、砂锅豆腐、四川麻鱼粉皮等等。

潘鱼，是广和居的招牌菜。据说，是一个姓潘的翰林创制的。基本上，这道菜成了他的必点之菜。

炒腰花与砂锅豆腐，则是他最喜欢点的两道下酒菜。

作为一个浙江人，他却格外喜欢吃辣。这里的四川麻鱼粉皮，做得也是相当地道，辣得相当过瘾。所以，这道菜也成了他的必点菜肴。

因为经常熬夜，他很喜欢吃一点甜的糕点，最喜欢的是北京有名的"三不粘"。所谓的"三不粘"，即"一不粘匙，二不粘盘，三不粘牙"，用糯米粉、白糖、鸡蛋白烹制而成，一种似糕非糕，似羹非羹的甜食。

日常里，他真的是个特别"好玩"的人，绝非后世人们塑造的那个严肃、无趣的形象。

当年，他有个朋友叫唐弢，每每他去唐弢家，一进门就轻快地在地板上打旋子，一路转到桌子前，兴致好时，更会一屁股坐到桌面上，手里端着一支烟，与唐弢谈笑风生。

隔着历史风烟，透过文字，鲁迅先生自有另一层迷人的底色，而不是人们心中那刻板的印象。

深夜里的苦闷

1916年，袁世凯改元中华帝国洪宪元年。

在死寂的北京城，沉默是最好的护身符。对政治失去了信心，周树人在教育部的工作只是一种无事忙的状态。

5月6日，为了逃避喧嚣的政治，树人不得不搬进了绍兴会馆西边的"补树书屋"。

在一个个苦闷的深夜里，古籍成了他最可亲的精神避难所。

他逐渐养成了一种不修边幅的习惯，不是故意显示洒脱不拘的名士风范，而是藏于心中的凄苦与失望太深。

> 许多年，我便寓在这屋里钞古碑。客中少有人来，古碑中也遇不到什么问题和主义，而我的生命却居然暗暗的消去了，这也就是我惟一的愿望。
>
> （《呐喊·自序》）

他不知疲倦地抄古碑拓本，只为使自己从袁氏政权的黑暗中逃出。

孤灯夜下，他一笔一笔地抄写着，无声诉说着逃避世俗的绝望。面对越来越浓重的黑暗，越来越露骨的阴谋，他感到如此无能为力。这个时候，他能做的只是自我麻痹，无休止地钻研佛经、校勘古籍、抄写古碑。沉迷于佛理，对于政治不再那么关心，或许也是一种自我保护。

空和苦，深深地吸引着他。

解脱悲苦觉悟人生，是他能够寻求到的唯一精神慰藉。

作为一名信奉革命的思想战士，此时此刻他早已无话可说。

第三章 呐喊

千年铁屋中呐喊

从来如此，便对么？

——《呐喊·狂人日记》

黎明

对革命的失望，让周树人有些意气消沉；对世道的怀疑，让他无心再去呐喊。

1916年6月，袁世凯在忧愤和疾病中死去，此后北洋军阀内部展开了激烈的权力争斗。

就这样，一个纷争不断的乱世民国上线了。

1917年，新一期《新青年》杂志，悄然打破了中国沉闷的思想天空。

这绝对是一本在日后彪炳史册的杂志，它的影响未必波及全国，但于当时的青年学生，绝对有一种吊胃口的新鲜感。彼时，它成了校园流行的最热的课外读物。

创始人陈独秀，也是借这本杂志培养了一批忠实的青年粉丝。

在蔡元培的举荐下，陈独秀被教育部任命为北京大学的文科学长。《新青年》编辑部，也北上搬进了北大校园，俨然成了传播新文化的圣地。

这年的4月，二弟作人也来到了北京。

7月，树人格外留心起这本杂志，只是不解：其倡言"文学革命"，为何刊登的依旧是古文？

8月，"补树书屋"来了一位贵客，此人便是《新青年》杂志的编辑钱玄同。

老同学钱玄同，想让他出山撰写文章。

他明白，自己早已不是个青年，更何况，十几年前的青春奋进，早已化成了颓唐的记忆。他们一起讨论："铁屋子"中的人要不要清醒？有没有必要毁坏这个封闭的铁屋子？

他心里明白，这个铁屋子是难以毁坏的，清醒的呐喊也只是不甘寂寞地聊以慰藉。然而，他又想起了柏拉图的"洞穴理论"。

为什么不尝试一下呢？

或许囚徒走出洞穴，就能实现灵魂的转向；或许打破了铁屋子，沉睡的人就能惊醒。

何妨尝试一下？

就这样，有了毁坏铁屋子的希望，便有了敢于反抗的心灵。

他毅然接受了钱玄同的邀请，继续青年时代未完成的呐喊。尽管，此时他已步入中年，仍要发出青年激情的呐喊。

出山

答应了老同学撰稿，可是写什么呢？

写小说吧。

内容，写什么呢？

无聊时，他常去翻一翻史书，经常翻到《通鉴》记载吃人的史实，一个念头闪过，那就从"吃人"话题开始吧。

十年前，在东京，他不是和许寿裳也探讨过华夏是一个吃人的民族吗？而今，他又重新思考这个话题。

"吃人"，一个毛骨悚然的话题。

那么，该以怎样的方式写呢？

就，写一个迫害狂呐喊华夏是一个吃人的民族吧！

他想到了尼采，以及尼采笔下的查拉图斯特拉，查拉图斯特拉的呐喊是多么激愤、多么精辟；他又想到了果戈里，果戈里不是写过一篇《狂人日记》吗？他还想到了姨表兄弟阮久荪，这个患有"迫害妄想症"的表兄弟，不是常语出惊人说过一些痴狂的话吗？

好极了，就写一个狂人语出惊人的呐喊，写一篇比果戈里更忧愤深广的《狂人日记》吧！

1918年5月，他写的《狂人日记》在《新青年》第四卷第五号发表了，署名"鲁迅"。

之所以用"鲁迅"这个笔名：其一，母亲姓鲁；其二，周鲁是同姓之国；其三，取愚鲁而迅速之意。

就此，鲁迅这个笔名成为彪炳文学史的一个重要符号。

《狂人日记》的文本，由引言与日记构成，本身就是一个有意思的象征。这一象征，可以理解为"反抗—训归"的表露，并以狂人的潜意识话语做了他长期存在的思考矛盾的代言。

不记录年月日，也不记录阴晴雨，整个日记文本疏落散乱，却奇迹般构成一个完整的狂人话语体系。

没有明确的时间概念，本身就是一种最为普遍的时间表征。

"凡事须得研究，才会明白。"

狂人并非只是一味激愤地咒骂，反而能够冷静地研究种种事理。究其根本，《狂人日记》是他反抗的话语：

> 我翻开历史一查，这历史没有年代，歪歪斜斜的
> 每叶上都写着"仁义道德"几个字。我横竖睡不着，

仔细看了半夜，才从字缝里看出字来，满本都写着两
个字是"吃人"！

（《呐喊·狂人日记》）

狂人以学者的谨慎态度，在历史的夹缝中，读出了悲凉的"吃
人"字眼。在"仁义道德"的名义下，历史曾无数次上演了"吃
人"与"被吃"的惨剧。狂人的疯言疯语，指向的是对历史重演的
怀疑，批判的是人类沿袭的野蛮行径。

"吃人"与"被吃"的人肉筵宴，是一个可怕的人性黑洞。

他总结出了"吃人"的传统：其一，国人缺乏对他者的敬畏
感；其二，国人缺乏对自身的超越感。

一句"从来如此，便对么？"从一个狂人的口中说出，恰如当
年尼采笔下的那个疯子说出"上帝死了"，一样震撼人心。

千百年来，文明的止步不前，就是"从来如此"在阻碍；千百
年来，"吃人"的屡见不鲜，就是"从来如此"在作祟。

不得不说，《狂人日记》的真谛，全藏在这微观的细节真实
里了。

原来，我们的血液里，都流淌着"吃人"的基因。

这是清醒的明白：自己终究逃脱不了"吃人"，也无法挽救自
己"被吃"。能够挽救的，或许只有未来那些没有吃过人的孩子。
最后，狂人绝望地呐喊一声："救救孩子……"

然而，小说还是抹去最后一丝"希望"，剩下的只是充塞在天
地间的黑暗与虚无。最终，狂人也被"吃人"的社会同化。不再发
狂，不再呐喊，不再反抗；只是顺从，只是无奈，只是绝望。

十年苦闷无人问，一篇小说成名天下知。从此，他跻身名作家
的行列。

这一篇白话小说《狂人日记》，让白话文总算有了思想深邃的
经典作品，可以与传统的旧文学抗衡，为现代白话文学奠定了难以
撼动的历史地位。

如果说，胡适的《文学改良刍议》，以设计家的眼光，开辟了新文学的整体思路；那么鲁迅的《狂人日记》，以文学家的姿态，践行了新文学的探索。

他在文字之中，找回了久违的青春气息，激情澎湃，心系天下。

他的字里行间，诉说着自己壮志未酬，充满了对丑恶的冷嘲热讽。

他从历史书的字缝里，看出了"吃人"二字；而我们却从他的文章字句里，看出了"爱人"二字。

为了明天的抗争

只有那暗夜为想变成明天，却仍在这寂静里奔波。

——《呐喊·明天》

《孔乙己》·《药》

《狂人日记》发表之后，鲁迅便一发而不可收，接着又写出了《孔乙己》和《药》。

《孔乙己》，是他第一流的小说。

小说以从容不迫的笔调，刻画了孔乙己的尴尬处境。读者也在笑声和泪水中，与他达成一种心灵上的默契。鲁迅有意选择酒店的小伙计作为叙述者，讲了一个读书人身在底层的悲惨遭遇。孔乙己只是他的绰号，至于他的真名却是无人知晓。

孔乙己一到店，所有喝酒的人便都看着他笑……孔乙己是这样的使人快活，可是没有他，别人也便这么过。

（《呐喊·孔乙己》）

小说贯穿始终的笑声，折射出了一个冷漠的社会。

孔乙己早已被社会挤到了短衣帮之中，却还自以为是穿长衫的上等人。在咸亨酒店，他只是充当了众多看客的笑料。

在这个冷漠的社会里，每一个人都只是充当了他人取笑的笑料。就这样，笑人的最终只是取笑了自己的人生。任何人的痛苦，只是他人茶余饭后的谈资。

小伙计被掌柜鄙视，而他自己又鄙视孔乙己，这就形成了一个鄙视链。

在整个鄙视链中，没人会意识到自己见证了别人的悲剧，也创造了自己的悲剧。

孔乙己这样窘迫，不就是代表了落魄旧知识分子的尴尬处境吗？

他脸上新添的伤疤，不就是象征了落魄旧知识分子的心灵新添的伤疤吗？

不管孔乙己懂得多少"回"字的写法，到头来面对西方文明冲击，还是无计可施与尴尬。

鲁迅清醒地认识到，孔乙己的落魄，正是传统价值观遭遇现代文明时的不适和凋零。然而，面对社会转型，知识分子本身的转向，就是一个不可忽视的大命题。

很显然，《药》是鲁迅为了纪念同乡革命烈士秋瑾而作。

尽管小说里夏瑜并没有出场，但从旁人的谈论中，读者可以感受到一个视死如归的英雄的存在。夏瑜之所以参加革命，全是为了拯救麻木的民众，然而，到头来民众却把他的血当成"药引子"。

> 不就是夏四奶奶的儿子么？……这小东西也真不成东西！关在牢里，还要劝牢头造反……他说：这大清的天下是我们大家的。你想：这是人话么？
>
> （《呐喊·药》）

一位革命先烈，在无知的民众眼里成了茶余饭后的谈资。

更可悲的是，举报夏瑜的夏三爷，不但没有遭到大家的指责，反而有很多人羡慕他得到了赏银。

这个世界上，最惨烈的死，莫过于死于自己所救之人的手。

先觉者与民众之间，永远隔着一条难以逾越的鸿沟。

如此吃人血馒头，就意味着革命先烈的鲜血确实是白流了。药，可以医人，也可以杀人。

《药》既有一种悲哀，又有一种痛惜。

夏瑜死了，华小栓也死了，华夏两家两个青年都死了，这是华夏两家共同的悲哀，也是整个华夏民族的时代悲剧。

无论《孔乙己》还是《药》，都构成了《狂人日记》呐喊的"吃人"的恐怖。

"王敬轩双簧戏" ·《随感录》

1918年3月，钱玄同和刘半农为了制造文学革命的影响力，不惜自导自演了一场别致的"王敬轩双簧戏"。

为了造成轰动，他们不惜讥讽古文大家林琴南的古文为"桐城谬种"。

在这种不友好的挑衅下，林琴南不得不以保守派的姿态应战，为此写了《荆生》和《妖梦》两篇影射小说。不出所料，《新青年》倡言"文学革命"以来，终于等到了传统势力的言论围剿。

结果，自然是《新青年》完胜。

其实，林琴南并不是彻头彻尾的守旧派，他一度还是鲁迅等人崇拜的偶像。他不是完全反对白话文，只是想"拼我残年"出一口恶气。

就此，一批前清遗老和留洋学生，组成了围剿白话文的国粹派。

面对国粹派的先发制人，鲁迅再也无法停下手中的笔，就在新辟的《随感录》中发表了一系列锋芒毕露的随感。

不要小瞧这些短平快的随感，它们可算是"五四"时代最流行的"微博段子"，直指人心，很能击中敌方的要害。

一句"要我们保存国粹，也须国粹能保存我们"，斩钉截铁地说出了保存国粹的实质。在反对国粹的思潮下，他有意绕开儒学的原始旨意，直接批判它在现实生活中的弊害。他重新从"立人"思想出发，深入地剖析了国人的社会心理。此时，小说和杂感，构成了他呐喊和抗争的创作双翼。

> 穷人的孩子蓬头垢面的在街上转，阔人的孩子妖形妖势娇声娇气的在家里转。转得大了，都昏天黑地的在社会上转，同他们的父亲一样，或者还不如。
>
> （《热风·随感录二十五》）

穷人的孩子，阔人的孩子，也许先天条件不一样，可是一旦到了社会上，都是一样的处境，都是一样不容易。

> 中国人向来有点自大。——只可惜没有"个人的自大"，都是"合群的爱国的自大"。这便是文化竞争失败之后，不能再见振拔改进的原因。
>
> （《热风·随感录三十八》）

他期待的，是个人的自大。

换而言之，横眉冷对千夫指，就是一种"虽千万人吾往矣"。

如果说，他的小说流露出一种深邃的思考，那么杂感则是跳跃出一种轻盈的节奏；如果说他的小说弥漫着一股阴郁的气息，那么杂感则喷发着一簇浓烈的火焰；如果说他的小说表现了被辱没的国民心理，那么杂感则是反映了被忽视的时局变化。

"五四"事件

1919年5月4日，死寂的北京城，爆发了震惊中外的"五四"事件。

据孙伏园说，愤怒的学生冲进了赵家楼，把在场的驻日公使章宗祥痛打了一顿，不知道是谁还在现场放了一把火。

然而，所有的喧哗与骚动，似乎都与鲁迅无关。

他想，这一次学潮，对于"文学革命"，到底能起到多大的作用？

不过，它给鲁迅带来了挣脱绝望的勇气，也给他带来了重生的可能。在此之前，他不曾想到，这场运动为他开辟了一片新的文学天地，把他推向文坛中心，使他一跃成为青年学生景仰的著名作家。

6月，鲁迅创作的小说《明天》便折射出了对"五四"运动矛盾复杂的心境。在他笔下，单四嫂是善良而粗笨的，明知宝儿快死了却不肯面对现实，只是期待明天的到来。

> 单四嫂子早睡着了，老拱们也走了，咸亨也关上门了。……只有那暗夜为想变成明天，却仍在这寂静里奔波。

> （《呐喊·明天》）

小说选择《明天》作为题目，确实别有深意。

她还会有明天吗？

一个孤苦无援的寡妇，本将生命的全部希望寄托于儿子，谁知儿子病重将一切希望破灭。

正是因为单四嫂的粗笨与愚昧，宝儿的病情才一步步被耽误了。可悲啊，宝儿还是死了，她的希望也就仅仅剩下了一个会见到儿子的好梦。失去了宝儿，单四嫂子也就失去了明天。

从五四运动中，鲁迅看到了青年的明天，也在向往着自己的明天。

担忧青年的明天，就是考虑青年的出路。

对于明天，鲁迅一直心存一丝希望，并为了明天继续抗争。

永别了精神故乡

希望是本无所谓有，无所谓无的。这正如地上的路；其实地上本没有路，走的人多了，也便成了路。

——《呐喊·故乡》

回乡·搬家

故乡，是一个人永远难以忘怀的精神家园。

绍兴古城于鲁迅而言，不仅蕴含了难以割舍的惆怅，更承载了他难以释怀的苦难。

从少年开始，家庭的变故留给他的是一种挥之不去的隐痛，并且这隐痛一直像梦魇一样伴随着他。

现在，母亲、三弟和朱安还留在故乡，不知挨受了多少族人的欺辱。

三弟周建人辞了县女子师范的教职，想与大哥一同前往北京谋一份差事。所以，这次他下定决心，要将新台门的老宅质卖给当地大户朱阆仙，然后带着全家搬到北京。

时值深冬，鲁迅冒着严寒回到了阔别二十余年的故乡。

"近乡情更怯"，天气又阴晦了，远近横着几个萧索的荒村，没有一些活气。他的心，不禁悲凉起来了。

> 我所记得的故乡全不如此……故乡本也如此，——虽然没有进步，也未必有如我所感的悲凉，这只是我自己心情的改变罢了，因为我这次回乡，本没有什么好心绪。
>
> （《呐喊·故乡》）

1918年12月4日，鲁迅回到了家中。

亲人相见，自是喜悦，但是笑容的背后也总有一种说不出的怅惘。这些年，奔波在外，老屋里一切熟悉的景象如今都变得异常陌生，百草园也早已不见记忆里的模样。

其实主要是物是人非，给人一种凄凉的破败感。

变卖老宅，于母亲而言更是不舍，因为这意味着从今往后一个周氏大家族再不复可见了。

北京城再好，也是异乡。

人生地不熟，总是不会好过绍兴城。

中年运水

听闻鲁迅回来了，运水哥就赶来了。

岁月，真是一个无情的杀手。

他的变化实在太大了，简直认不出了，记忆里的紫色圆脸，变成了眼前满是皱纹的一张瘦脸，脸上浮现一抹凄凉神情。

> 眼睛也像他父亲一样，周围都肿得通红，这我知

道，在海边种地的人，终日吹着海风，大抵是这样的。

（《呐喊·故乡》）

他是真的太苍老了，灰黄的脸上刻满了生活的艰辛。

当运水伸出粗笨又开裂的双手时，鲁迅立刻感到一丝心酸；而当运水嗫嚅半天吐出一声"老爷"，鲁迅的心里顿时生出一阵凉意。久别相聚本应该高兴，然而因为身份的隔膜，这份欢乐又倏忽远去，这怎不让人生出一种凄凉。

一声"老爷"，是运水向命运的无奈臣服，却深深地刺痛了鲁迅的心。

我似乎打了一个寒噤；我就知道，我们之间已经隔了一层可悲的厚障壁了。我也说不出话。

（《呐喊·故乡》）

隔膜感之所以如此强烈，是因为鲁迅太在乎儿时那份天真无邪的玩伴关系了。

时隔多年，再能见到迅哥儿，本是多么欢喜的事。不过，自卑感却让运水清醒地摆正自己的佃农身份。多年来，他要养活一家人，如今，还赶上了兵乱灾荒，他早已成了一个一贫如洗的穷苦农民。

第六个孩子也会帮忙了，却总是吃不够……又不太平……什么地方都要钱，没有定规……收成又坏。种出东西来，挑去卖，总要捐几回钱，折了本；不去卖，又只能烂掉……

（《呐喊·故乡》）

多子、饥荒、苛税，兵、匪、官、绅，苦得运水像一个木偶人了。活在社会底层，被各种势力压榨，始终让他挣扎在生死线的边缘。

据母亲说，运水结婚后曾与村中一个寡妇要好，还闹到了离婚的地步。不过，后来章家花了一些钱摆平了这事。只是，敢于出格的、勇敢反抗包办婚姻的年轻的运水死掉了，活着的只是一个认命的、格外木讷如木偶一般的运水。（参阅周作人《鲁迅小说里的人物·呐喊衍义》）

在母亲的建议下，家里不搬走的东西，都尽可能地送给运水。然而，运水只是拣了两条长桌，四个椅子，一副香炉和烛台，一杆抬秤……运水挑选香炉和烛台，不是因为愚昧，而是因为那寄托了他活着的念想。毕竟，苦难地活着，更需要一个精神念想作为支撑。

无论怎样，鲁迅的心情还是相当沉重。

记忆中的运水，现在成了木讷的老农，这让他有一种难以言说的悲凉惆怅。

此后的几日，近处的几家本家亲戚，都闻讯前来看望道别。在这期间，他到阮港祭扫了祖父祖母的坟墓，给父亲重新安置好了坟墓，也迁了四弟的坟墓。

24日早上，是他们启程的日子。

运水很早便到了，上次同来的儿子启生没有来，他带了五岁的女儿来看管船只。因为忙碌着，他们一直没有机会闲聊。

将一切事务办妥，到了告别的时候，鲁迅的心底涌出了无限惆怅。

身旁的侄子，突然问什么时候再回，好与启生一起玩耍。不得不说，侄子与启生的友情，就像黑暗中的一点星光，点亮了鲁迅的希望之光。

一年后，鲁迅就创作了一篇深情的小说《故乡》。

《故乡》，巧妙地构筑了一个温馨而悲凉的故乡。在这故乡，少年闰土活泼伶俐，满是灵性和温情；中年闰土愁苦呆板，满是沧桑和悲凉。他在这篇小说中，或多或少表达了自己沉重的失落感。然而，失落不是彻底的绝望，还是有希望的影子在的。

> 我想：希望是本无所谓有，无所谓无的。这正如地上的路；其实地上本没有路，走的人多了，也便成了路。
>
> （《呐喊·故乡》）

搬到八道湾

29日，鲁迅带着全家搬到了西直门内八道湾十一号。

就这样，八道湾十一号，居住了周家三代人。母亲，三兄弟，三妯娌，周作人三个孩子，周建人两个孩子。

虽然这个宅院有点狭窄、拐弯颇多，但他还是相当满意的。他看中了这里屋子多，可以住下一大家子，满意这里空地大，能满足孩子们玩耍的需求。宅院分为前后两院，前院的南屋他住，北屋朱安和母亲同住；后院九间，二弟一家住西头三间，三弟一家住中间三间，剩下的东头三间留作客房。

一大家子其乐融融地住在一起，也算了却了他多年的心愿。

只是，对于朱安，他仍做不到释怀。他依旧对她以礼相待，不见任何亲密言语。

这一场无爱的婚姻，于他们二人，都是一种漫长的折磨。

这一年，朱安已经41岁了，还没有一儿半女，于女子而言几乎是陷入绝望境地了。如今，举家搬到北京，又与娘家人远别，回家向母亲诉苦都成了一种奢望。

于朱家，也是悔不当初。

若是当时，听劝顺了鲁迅的心意给女儿放脚，是不是局面会不同？而今，他们结婚已十几年光景，一点磨合都没有，两个人的关系还是冷冰冰的。

可是，这世间永没有后悔药。

朱安自己，也是想改变些什么的，有时候会刻意来讨好鲁迅。

有一次吃饭的时候，鲁迅很有兴致地说，日本有一种糕点非常好吃。或许朱安想附和一下大先生，她说很好吃，我也吃过的。

如此刻意地讨好自己，不惜撒谎的行为，却惹得鲁迅心生了厌烦。

她越是讨好，却越使他心生厌烦。

情，这事，真的奇怪，有情无情其实跟人品都没有关系。想鲁迅人善心好，却唯独对朱安做不到良善和温柔。

他，可待她如宾，却永不能待她如妻。

于是，为了麻痹自己，他总让自己处于忙碌的创作中，不给朱安一丝一毫靠近的机会。

就此，朱安想成为他真正的妻的朴素夙愿终成了空。

重返久别的教坛

上讲台的时候，就得扮教授，到教育部去，也非得扮官不可。

——郁达夫《回忆鲁迅》

再步入教坛

1920年8月，一个偶然的机会，鲁迅重返一度令他失望的教坛。

北京大学国文系要开设一门中国小说史课程，系主任马裕藻本想找周作人讲授，然而周作人碍于其他教学事务推荐了兄长鲁迅。对鲁迅而言，讲授中国小说史是一次不错的挑战。一来，他自幼就喜爱中国古典小说；二来，若干年前，他辑录过一本《古小说钩沉》；三来，在担任小说股主任期间，他系统研究过中国小说的渊源发展。

不过，这课确实不好备，因为文献资料太有限了。很多珍贵的书籍，他只有托各种关系，向私人借阅誊抄。

不过很快，中国小说史的讲义大纲，被他梳理出来。

一系列史料论述和征引，将以往难登大雅之堂的小说以专门史的形式，在大学课堂上呈现。

以进化论作为思想指导，对中国小说的起源和发展做了系统的梳理，单就讲义的宏阔和严谨来看，他不愧是现代中国第一流的学者。

那时，每逢鲁迅授课，北大文学院的教室就挤满了来听课的学生。大家都带着久久的期盼，来听他讲的中国小说史。其实，更多的学生还是他忠实的粉丝，他们喜爱他的文章，也迫切地想一睹他的讲课风采。

原来，鲁迅先生只是一个穿着旧长袍，身材矮小的中年大叔，学生们或许第一印象会有点失望，然而，他讲课时学生们瞬间就被他不一样的气质所折服了。

他一口柔和的绍兴口音，深入浅出，幽默风趣，旁征博引。最吸引学生的，还是他独特的见解，他总能以一种深邃的思想，穿透学生的灵魂。

讲到了《红楼梦》，他想活跃一下课堂气氛，就随口问学生：你们喜欢林黛玉吗？

很多学生不假思索地回答喜欢，而鲁迅却说：你们都喜欢林黛玉小姐，其实我对她却不怎么喜欢。

学生们都愣住了，他接着说：我不喜欢，因为林黛玉整天哭哭啼啼，而我的眼泪却很昂贵！

学生们笑将了起来，他也微微一笑。（参见常惠《回忆鲁迅先生》）

那门课名义上是"中国小说史"，实际讲的是对历史的观察，对社会的批判，对文艺理论的探索。有人听了一年课以后，第二年仍继续去听，一点也不觉得重复。

（冯至《笑谈虎尾记犹新》）

作为一名兼职讲师，尽管每周只讲一次小说史，但他的课堂却永远人气爆棚。数月的讲授，使学生们深深地喜欢上了他的课；数月的交流，使更多的学生成了他的忠实粉丝。

就这样，他的小说史课程，成了北大的招牌式精品课程。

一堂中国小说史课，在他口中生动地讲出，俨然就是中国社会的变迁史。这就是一种诱人深思的魅力，让更多的学生百听不厌，在每一堂课中总能收获意想不到的别样新知。

后来，这些讲义经过润色后出版，即中国小说史研究的开山之作《中国小说史略》。

> 鲁迅先生的《中国小说史略》，这是一部开山的创作，搜集甚勤，取材甚精，断制也甚谨严，可以替我们研究文学史的人节省无数精力。
>
> （胡适《白话文学史·序言》）

《新青年》的解体

天下没有不散的筵席。

《新青年》作为新文化挑战旧传统的新媒体，打开了新思想传播的闸门。尽管构建了一个暂时性价值趋同的共识平台，但随着新思潮的深入进展，《新青年》团体还是走向了新的分化。

究其根本，他们的内部分化，只因人生价值取向有所不同。毋庸置疑，正是人生价值取向的不同，才引发了激烈的争论，使得他们产生了思想分歧。

或许道不同引起的激烈的思想争论，促进了各自在学术上的发展，但最终却造成了一种难以修复的深深裂痕。分化只是一个时间问题，强扭在一起也难以再有当年的凝聚力。就这样，《新青年》团体最终还是散了，成员有的高升，有的隐退。

不过，于鲁迅而言，他只是失去了一个发表文章的平台。

他始终都不是《新青年》的核心人物，对于争论他一贯保持中立的态度。只是，《新青年》解体了，他还是有不小的失落感。

画出国民的魂灵

我虽然已经试做，但终于自己还不能很有把握，我是否真能够写出一个现代的我们国人的魂灵来。
—— 《集外集·俄文译本〈阿Q正传〉序及著者自叙传略》

为阿Q作传

没了《新青年》，还有孙伏园主编的《晨报副刊》。

1921年12月，《晨报副刊》增设了一个"开心话"的专栏，特意邀请鲁迅写点幽默的稿子。

其实，他还真想写点幽默而有深意的稿子。

在老家绍兴，有一个叫阿桂的人，以打短工为生，平日里游手好闲，有时也做小偷小摸的勾当。这人确实很可笑，自己娶不到媳妇，经常被人打，还说是自己被儿子打。

他又想起本家有一个桐少爷，也就是衍太太的亲侄子，曾经做了一件荒唐的事，竟然向自家的老妈子下跪求婚。（参阅周作人

《鲁迅小说里的人物·呐喊衍义》）

思量数日，一个阿Q的形象终于浮现在他的脑海。

在一个个黑夜灯下，阿Q的言语行状，一一流泻于他的笔端。

12月4日，他以"巴人"这个笔名，在《晨报副刊》连载了中篇小说《阿Q正传》。小说发表的第一天，就引起不少读者的关注和猜测。作者巴人是谁？阿Q又是谁？这篇小说到底想表达什么？

> 我要给阿Q做正传，已经不止一两年了。但一面要做，一面又往回想，这足见我不是一个"立言"的人，因为从来不朽之笔，须传不朽之人，于是人以文传，文以人传……
>
> （《呐喊·阿Q正传·序》）

文章一开始，他便向读者说明了为阿Q做正传的缘由。

阿Q，一个不知姓什么名什么的无赖，与庄重的"正传"二字组合在一起，营造出一种令人哑然失笑的滑稽感。然而，滑稽可笑的背后，却是极端的卑微可怜。

让人唏嘘，一个底层小人物，卑微到了连姓名都没有的境地。

小说中，共描绘了阿Q的若干次"行状"，他不是被人暴打，就是遭人狂殴，平生受尽了侮辱。阿Q被人暴打，多半因为自己嘴贱多事；遭人狂殴，多半因为自己不懂规矩。阿Q，又是滑稽可笑的，他有一套无师自通的"精神胜利法"，作为一个卑微至极的人，他却总能在臆想的世界里将自己塑造成一个"完人"。

阿Q确实很可怜，却有更多的可恨之处。

> "我不知道我今天为什么这样晦气，原来就因为见了你！"
>
> ……………
>
> "秃儿！快回去，和尚等着你……"

···········

"和尚动得，我动不得？"

（《呐喊·阿Q正传·第三章》）

阿Q打不过王胡，便去惹假洋鬼子；假洋鬼子不好惹，只能欺负小尼姑。

欺负小尼姑，便是他"精神胜利法"的另一种体现。

"你怎么动手动脚……"小尼姑很不配合阿Q的调戏。一句"这断子绝孙的阿Q"的咒骂，直接激活了阿Q被压抑的性意识。这一句咒骂，就此将阿Q与女人对立起来，阿Q也由此开始审视女人。

其实，阿Q于女人不曾需要任何的爱，只是想"困觉"的一种性渴望。很显然，阿Q不是什么性无能，只是没有正当的机会得以性满足。因而，他只能通过一定的猥琐行为满足最基本的性欲。拧女人的大腿、摸小尼姑的头、向吴妈下跪求爱，都只是满足这方面的性心理需求。

阿Q和吴妈都是处于社会的底层，他们对性与婚姻的认知，完全由当时的社会认知所支配。

阿Q面对吴妈有了心思："女人……吴妈……这小孤孀""女人……""我和你困觉，我和你困觉！"

阿Q向吴妈求爱虽为一时冲动，其实却是长期性压抑的一次大爆发。

吴妈作为孤孀本身就是一个弱者，阿Q想通过她的身体满足自己的性欲。他认为孤孀是可以欺辱的对象，比他还弱小，因而可以肆无忌惮地放纵。

在这之后，阿Q被卷入一股革命浪潮中。

生活在社会最底层的阿Q，具有一种本能的革命意识。

东西，……直走进去打开箱子来：元宝，洋钱，洋纱衫，……秀才娘子的一张宁式床先搬到土谷祠，此外便摆了钱家的桌椅，——或者也就用赵家的罢。自己是不动手的了，叫小D来搬，要搬得快，搬得不快打嘴巴。……

（《呐喊·阿Q正传·第七章》）

不过，他理解的革命，却是这种烧杀抢掠的流寇行径。他的流寇式革命，本质上是一种对权力的窃取。这样的流寇式革命，就是破坏多于建设。因为他的初衷，不在于建设，而在于掠夺！这样的革命，不外乎乱杀人、搬东西、抢女人。

由此，阿Q也做起了白日梦，对未庄的所有女性进行了挑拣，心气高得几乎一个都没看上。

归根到底，阿Q的革命就是一种"反革命"。

鲁迅毕竟是学医的，心是软的，手里的笔却硬是一挥，处死了阿Q。

阿Q，就是鲁迅精心打造的一面特殊镜子，从中可以照出自己和他人。

《阿Q正传》可以说是中国人心灵史上的一个重大发现，把人类的共同认知又推进到一个更高层次，也是鲁迅为庸众书写的一篇滑稽的史诗。

沙漠上似的寂寞

寂寞呀，寂寞呀，在沙漠上似的寂寞呀！

——《呐喊·鸭的喜剧》

为了这个家

1922年，二弟周作人病了数月，庞大的生活开销，几乎只靠鲁迅一人苦苦维持。

> 我们就是不计较，彼此都一样。我们就将钱财两字不放在心上。这么一来，什么事也没有了。
>
> （《彷徨·弟兄》）

和小说《弟兄》一样，他们这个大家庭的财产是不分彼此的。

这么一个庞大的家，虽然由弟妹羽太信子一手操持，里里外外大部分开支还是需要他承担。

按道理，他们兄弟的工资，合在一起每月至少有600元，应付这么一个大家庭绰绰有余。

然而，每月钱却总是不够用。

究其缘由，还是太过铺张浪费了些。信子持家绝非好手，在看病方面，这一大家子无论大病小病都要请日本医生；并非大户人家出身的信子过起日子来却很是奢侈，自然每月钱就不够用了。

不够用，怎么办？

常常，是鲁迅不得不四处去拆借。

有时候，他刚借到手的钱还没拿回家，就看见医生的汽车从家里开了出去。

生计，因此成了一个永远的大难题。

就算他已经成了名扬天下的大作家，要维系这一大家子的生活开支，还是缺不了每月300多元大洋的官家工资。

不得已，为了养活这一家老小，他必须身兼多职。

可事事不易，又赶上北洋政府拖欠工资，他已数月没有领到薪水了。

索薪，必须索薪。不然，钱肯定会打水漂！

于是，他与几名教育部同人联名写抗议信，向北洋政府索取欠薪。让人庆幸的是，几个月的薪资终于要来了，尽管打了三折之多。

索薪，借债，探病，上班，兼课，著译，购书，寄稿，这是他那时的日常，虽然辛苦，他却是欣慰的。

毕竟，这是他作为大哥应尽的责任。

《端午节》·《白光》

1922年6月，鲁迅创作了短篇小说《端午节》和《白光》。

> 待到凄风冷雨这一天，教员们因为向政府去索欠
> 薪，在新华门前烂泥里被国军打得头破血出……
>
> （《呐喊·端午节》）

《端午节》中的索薪之事，就是他近来面临的最大困难。

不过，他关注的不只是索薪之事，还有方玄绰这样的"差不多"先生。

> 方玄绰近来爱说"差不多"这一句话，几乎成
> 了"口头禅"似的；而且不但说，的确也盘据在他
> 脑里了。
>
> （《呐喊·端午节》）

方玄绰，就是一个有点阿Q精神的知识分子，他喜欢用"差不多"三个字抹平自己的愤怒，化解对恶势力的反抗。他往往以一种没有是非之心的做派，为自己营造一条仿佛存在的退路。他骨子里，既是"差不多"的得过且过，又是不敢直面现实的胆怯。

鲁迅，最痛恨像方玄绰这样的"差不多"先生，正是有他们这些"差不多"先生的存在，北洋政府才会如此明目张胆地拖欠工资。

鲁迅想起了本家叔叔周子京的遭遇，并以他为原型创作了小说《白光》。

小说中陈士成的不幸，在于16次科考落第造成的心理创伤。他终究还是不甘心，在一次次失落中疯掉了，终在最后的幻想中命丧白光。

无论方玄绰还是陈士成，都暴露出旧时知识分子的软弱，他们无法直面现实，始终活在自己编织的美梦里不能自拔。

爱罗先珂

1922年2月，鲁迅迎来了"漂泊诗人"爱罗先珂。

这位来自乌克兰的盲人诗人，是一个世界主义者，他的足迹遍及世界各国。然而，因为思想激进，他屡遭各国政府的驱逐。这次到中国，是接受北京大学的邀约教授世界语课程的。

蔡元培校长将他安排住在了周氏兄弟的八道湾。

爱罗先珂，住在后院东头的客房。

不久，鲁迅跟爱罗先珂就成了密友，他们无话不谈，无所不讲，仿佛是故交，他们惺惺相惜。

与爱罗先珂相处，使鲁迅干涸的灵魂得到了滋润；与爱罗先珂交谈，使他烦闷的心灵得到了舒展。他想：一个外国人，不远万里来到了中国。眼睛看不到，还是单身，寂寞于之，又意味着什么呢？

作为一个四处碰壁无家可归的盲人诗人，寂寞对他而言，如一把六弦琴。

爱罗先珂就像自己的童话里的孩子一样，喜爱小动物，喜爱音乐，喜爱生活的一切。他买了十几个小蝌蚪，放养于院子中央的小池；不久，他又买了几只小鸭子，放养在院子里，任其随意去觅食。

寂寞无聊时，爱罗先珂会弹起心爱的六弦琴，可爱的小鸭子嘎嘎地叫着，小蝌蚪自由自在地游着，画面如此温馨可人。

这，就是他想创造的一个充满音乐、生机的和谐世界吧。

在认识爱罗先珂之前，鲁迅就已经翻译过他的童话作品了。当时，他还不了解爱罗先珂，看重的只是作品中传达的被辱者的反抗精神，而今，因欣赏其赤子之心，他开始有意识地搜集、翻译爱罗先珂的作品了。

对一个远道而来的诗人而言，最好的友情馈赠，就是认真翻译、推介他的作品。

不久，鲁迅便编译出了一本《爱罗先珂童话集》。

爱罗先珂的童话，经由鲁迅的翻译与推介，彼时成了流行一时的畅销读物。

> 我觉得作者所要叫彻人间的是无所不爱，然而不得所爱的悲哀，而我所展开他来的是童心的，美的，然而有真实性的梦。
>
> （《译文序跋集·爱罗先珂童话集·序》）

这是他为《爱罗先珂童话集》写下的序言，也是他想要传达的本意。

这些童话，主要表现了两个主题：其一，对奴性的冷峻批判；其二，对善之世界的热烈向往。

这样的主题，正是鲁迅作品最常出现的。

而爱罗先珂所在的这一段时光，亦是他们周家大家庭最温馨的一段美好时光。

《社戏》

人，不能总是漂泊着，爱罗先珂先生也是这么想的。

经过常年的漂泊，故乡已经成为爱罗先珂心中永恒的依恋之地。所以，不久爱罗先珂还是离开了八道湾，离开了北京，离开了中国。

作为朋友，鲁迅只盼他能早日安全抵达自己日夜思念的故乡乌克兰。

在怀念中，鲁迅也追忆起了自己的故乡——绍兴。

这一年10月，他写了一篇淳朴如诗的小说《社戏》，回忆儿时那些失落的美好及失落的友情。

回忆中的故乡，美好得如同一幅画，有平桥、赵庄一带优美、迷人的景色；有乡里乡亲的善良、淳朴。

双喜是"社戏"的第一摆渡人，是童年里少不了的孩子王；阿发与六一公公，是乡土世界淳朴人民的代表。

在他笔下，故乡的平桥村成了他精心营造的"桃花源"。

> 至于我看那好戏的时候，却实在已经是"远哉遥遥"的了，其时恐怕我还不过十一二岁。
>
> （《呐喊·社戏》）

于他，最难忘的还是看戏。

经历了成年后两次看戏的痛苦，鲁迅才意识到童年看戏时的乐趣。

成年后的自己，已经很难轻松惬意地享受美好时光，没完没了地忙于生计，留给自己的总是无休止的局促感。

嘈杂纷乱的都市生活，早已将美好愿景抹掉。

记忆里故乡的美好，就这样失落在岁月洪流中。

呐喊的背后

有时候仍不免呐喊几声，聊以慰藉那在寂寞里奔驰的猛士，使他不惮于前驱。

——《呐喊·自序》

办报热

"五四"以后，新文化便如雨后春笋在知识界发展起来。

办报、做杂志，成了大趋势。比如，陈独秀等一批资深媒体人，他们善于制造新闻热点，借助北大这一一流的大学平台，成功地将一个个籍籍无名的小刊物运营成红遍天下的大刊。

一年间，白话杂志迅速发展到了400余种。

1922年1月，作为复古派阵地的《学衡》杂志，在国立东南大学创刊了。新一轮的文白论争，在《学衡》创刊后不久也跟着展开了。

第一回合，"学衡派"的胡先骕认为，语言文字不应该合二为一，否则旧文化难以继承，新文化也难以脱胎；吴宓等人则进一步反对"线性"的进化论，指出新文化运动只是"模仿西人，仅得糟粕"。面对这样的言论，周作人发表了《复古的反动》，毫不客气地指出"学衡派"的倾向必然导致复古和排外；鲁迅则以杂文作为利剑，一一刺中"学衡派"的软肋。

第二回合，"学衡派"又集中火力，围剿了新文学《沉沦》和《蕙的风》。这次，他们以道德的制高点贬斥郁达夫的《沉沦》是一篇不道德的小说，污蔑汪静之的《蕙的风》是有意挑起人们的肉欲，是变相的卖淫。为此，周作人发表了不少相关评论，从反对旧道德维护新道德的立场，充分肯定了《沉沦》和《蕙的风》的文学价值。鲁迅，虽没有从正面反击，却抓住他们悖于常理的言论一一反驳，进而肯定了《沉沦》和《蕙的风》的文学价值。

通过这两个回合的论战，他们兄弟俩不仅为新文学正名造势，更是扩大了新文学的读者群体。

《不周山》

无聊的苦闷，往往孕育着伟大的创造力。

自从接纳了西方的许多"新神思宗"，鲁迅便也接纳了弗洛伊德的潜意识学说。11月，他便萌生出采用潜意识学说描写性的萌动和创造力的想法。于是，他便联想到了上古神话，联想到了女娲造人补天的故事……

女娲梦中惊醒，烦闷，无聊。粉红的天空，石绿的云彩，闪烁不定的群星，光芒四射的太阳，嫩绿的地面点缀着桃红和青白的大朵花，远远望去恰似斑斓的烟霭。女娲走向海边，无意识地捏弄软泥，造出了一批批形似自己的小人儿。

出于生命的本能，她创造出了人类；出于同情的本能，她完成了补天工程。无疑，鲁迅借用女娲的创造精神，喻指五四新文化的创造精神，表达了补苍天、救苍生的新文化旨意。

这篇《不周山》的描写重心，不仅在于女娲造人补天的英雄作为，更在于女娲造人前后的无聊心境。鲁迅也不忘加入一点对现实的讽刺，于是，他便在女娲的两腿之间，塞下一个着古衣冠的小丈夫。

这何止是油滑的一笔，简直就是暗藏的一把锋利匕首。

如果说，对性的苦闷的描写代表着人性的觉醒，那么，女娲造人的故事，便象征了新一代青年的诞生。

写完这篇古怪的历史小说，他便决计暂时不再写这样的荒诞小说。

《呐喊》

1923年8月，他编印了自己的首部小说集《呐喊》，将这篇《不周山》附在卷末，算是一个新的开始，也是一个阶段的收尾。

自创作《狂人日记》以来，他便一发不可收，累积了十余篇小说，都是不同层次的呐喊。《狂人日记》，呐喊出中国历史的"吃人"本质；《孔乙己》，呐喊出另一种"吃人"现象；《药》，呐喊出群众在"吃人"世界里的麻木和愚昧；《阿Q正传》，呐喊出"吃人"世界里扭曲变态的魂灵。一篇篇小说，包含了一次次深沉的呐喊，构成了五四时代最震撼人心的启蒙先声。

1920年8月，他创作了一篇以鲁镇为舞台的小说《风波》。

小说中九斤老太"一代不如一代"的口头禅，折射出时代变迁给老一辈民众带来的不安。七斤知道的所谓"时事"，只是一些"雷公劈死了蜈蚣精"之类的迷信事件。七斤嫂总是一脸的凶巴巴，她对于生活确实无力改变，只能抱怨发泄一番。

正是这种种愚昧与无知，导致这些底层民众走向"几乎无事的悲剧"。

七斤一家因辫子担惊受怕，唯恐皇帝坐了龙庭，剪了辫子的七斤会惹祸上身；而安度"风波"之后，七斤又受到村里人的尊敬与优待。

《风波》看似一场几乎无事的闹剧，却表现出鲁迅心底最为隐秘的悲凉。

辛亥革命的惨痛失败，确实一直让鲁迅难以释怀。

不得不说，《风波》的结尾，六斤刚裹了脚，这是值得品味的。裹了小脚，象征着封建礼教继续摧残下一代。不管辛亥革命闹得怎么轰轰烈烈，对一般民众而言，还是依旧照常的"几乎无事的悲剧"。

就这样，人物身心的残缺与社会机制的病态，在他的笔下一一鲜活地呈现出来。

这一本小说集《呐喊》，不仅成了经久不衰的畅销作品，更理所当然地成为五四文学的巅峰之作。

第四章 彷徨

东有启明，西有长庚

以后请不要再到后边院子里来，没有别的话。愿你安心、自重。

——周作人

前奏

再多的打击，算得了什么；再多的诋毁，算得了什么。

鲁迅，最难以接受的是母亲所酿的苦痛，兄弟所为带来的幻灭。无爱的婚姻，早已将他逼迫到苦闷的边缘，没想到最懂自己的二弟也和自己决裂了。

爱之深，失之痛。

此时此刻，因为孤独，他已濒临绝境。

1923年6月，他俩共同翻译的《现代日本小说集》由商务印书馆出版。他的第一本小说集《呐喊》，也是二弟作人完成的编辑工作，交付给新潮社出版。

7月上旬，八道湾周家的一切生活还照常进行，怎么到了7月14

日，就发生了不该发生的事呢？

这场无硝烟的"战争"，来得太突然了。

本来，八道湾的周家因为三弟建人到上海商务印书馆工作已空寂了许多，如今，二弟又和他闹翻。

他一人辛苦经营的大家庭，就这样彻底分裂了。

> 据凤举他们的判断，以为他们兄弟间的不睦，完全是两人的误解，周作人氏的那位日本夫人，甚至说鲁迅对她有失敬之处。
>
> （郁达夫《回忆鲁迅》）

究其缘由，外人一直都是揣测。

不过，肯定跟信子有关，也许与朱安多少有点关系。

周作人对大哥一直十分崇敬，然而，却始终无法理解大哥那么残忍无情地对待大嫂朱安；更不能理解大哥为什么总是针对信子。

对大哥不幸的婚姻，他是很同情，但他也很同情怜惜大嫂朱安。所以，他就决心对自己的妻子绝不会像大哥那样，于是，他便一味地顺从信子。

而于信子而言，大嫂的不幸婚姻无疑是一种可怕的警示：她会下意识地认为大哥如此对待大嫂，肯定会对二弟造成同样的影响。她是真的怕周作人会取法大哥，用大哥对待大嫂的态度来对待自己。

于是，一个魔咒在信子的心里生根发芽了。

她怕自己会因此重蹈大嫂不幸的覆辙，怕自己不久的将来会成为第二个朱安，由此，便于潜意识里对鲁迅这个大哥生了一种深深的厌恶感。

于信子而言，早年的贫困不堪回首，好不容易嫁了作人这样一个顾家的好男人，她是断然不会让这得来不易的安稳和幸福从手心里溜走的。在这个大家庭里，因为大哥的存在，她觉得自己没过上一天舒坦的好日子。大哥管得太多、管得太严，让自己好不自在，也好生没面子。

就这样，一个邪念徘徊在她的心里：必须将大哥赶走。

> 作人的妻羽太信子是有歇斯底里性的。她对于鲁迅，外貌恭顺，内怀忮忌，作人则心地糊涂，轻听妇人之言，不加体察……
>
> （许寿裳《亡友鲁迅印象记·西三条胡同住屋》）

其实，周作人知道妻子有着歇斯底里的毛病，但还是轻信了妻子的话。

只是，他是真的误解了鲁迅。

他铮铮铁骨的大哥，怎么可能会干出信子所说的那苟且之事呢？

有时看来，枕头风真的可怕。

> 鲁老太太曾对人说："这样要好的弟兄都忽然不和，弄得不能在一幢房子里住下去，这真出于我意料之外。我想来想去，也想不出个道理来。我只记得：你们大先生对二太太（羽太信子）当家，是有意见的，因为她排场太大，用钱没有计划，常常弄得家里入不敷出，要向别人去借，是不好的。"
>
> （俞芳《我记忆中的鲁迅先生》）

他，只是不满信子不懂节省挥霍无度而已；他，只是提醒信子要勤俭持家罢了。

没想到自己的劝诫，换来的是她的恶意中伤，换来的是兄弟反目。

鲁迅还不知的是，周作人那时心里有多惶恐，他一直想走出大哥精心设计的美梦。毕竟自己已经长大，是一个独立的个体，总不能老依赖着大哥，生活在大哥的庇护下吧。自己作为北大教授，社会影响并不比大哥小，为什么还要处处跟随大哥呢？

再多的社会光环，也抵消不了被笼罩在大哥身下的阴影。

更何况，大哥总是管得那么多，自己早已不是那个唯命是从的小弟了。

现在，周作人只想拥有一个温馨的小家。

一封绝交信

鲁迅先生：

我昨日才知道——但过去的事不必再说了。我不是基督徒，却幸而尚能担受得起，也不想责难——大家都是可怜的人间。我以前的蔷薇的梦原来都是虚幻，现在所见的或者才是真的人生。我想订正我的思想，重新入新的生活。以后请不要再到后边院子里来，没有别的话。愿你安心、自重。

七月十八日，作人。

7月19日上午，鲁迅收到了这封周作人的绝交信。

为信子，周作人还是做出了这样反目的抉择。

没有谁，会记得鲁迅曾经为这个家所做的牺牲。想当初，他被迫离开日本，还不是为了这个家；想当初，他斥巨资买下八道湾，还不是为了这个家；这几年，他索薪借债，还不是为了这个家；这几年，他把所有薪水交出，还不是为了这个家。

这个家，就这样说分就分了；这份情，就这样说断就断了。

不要再到后边院子里来……不要再到后边院子里来……

鲁迅还是不解，到底为了什么，二弟非要和自己彻底决裂呢？

他百思不解，还难以相信，到底为了什么，非闹到兄弟反目的地步！

周作人有话，不当面说，只是写信；鲁迅想问，又不当面问，只是托家里的用人齐坤给周作人带话，约他出来谈一谈。

齐坤带回了周作人的话，两个字：免谈。

"免谈"，那就算了吧。

在鲁迅看来，事情已经发生了，谈还有什么用呢？

他心里明白，二弟的心性本来就很懦弱，从来都一味地听从妻子的话。可是，这是天大的误解，作人自己难道就不用脑思考的吗？

这，真是莫大的误解。

> 他曾经说："要天天创造新生活，则只好权其轻重，牺牲与长兄友好，换取家庭安静。"
>
> （许广平《我与鲁迅》）

周作人，是一个习惯被人照顾的男人，而信子对他的照顾是如此妥帖、周到。所以，彼时在周作人看来，像信子这样的妻子，自己是难以割舍的。因此，大哥与妻子之间，周作人只能选择妻子。

就这样，他为信子，牺牲了与兄长的手足之情。

周作人，这保全小家，牺牲了大家的作为，不知多年后他对之有没有后悔。

《诗经·小雅·大东》有曰："东有启明，西有长庚。有捄天毕，载施之行。"兄弟二人，注定不能在一起，难道这就是命运吗？

这命运，鲁迅是认了，只是绝不甘心被冤枉。

他毕竟不是周作人，他从不懦弱，也从不甘心，他将他的不甘、不满诉诸文字，渗透到他的文章里。

他写就《伤逝》，在其中质疑自由恋爱，忏悔自己的偏执给朱安带来的不幸；同时，他也假借男女的死亡来哀悼自己兄弟恩情的断绝。

周作人一眼便看出来了，这篇小说的主旨有对兄弟失和的暗指。

平心而论，鲁迅待周作人始终真挚，甚至失和后依旧默默地关爱着他。他，亦深知作人之所以选择为了妻子而与兄弟失和，是其性格所致。

到了晚年，周作人在回忆鲁迅生平时，也开始渐渐审视、忏悔自己对大哥的误解。1964年，他在评述赵聪的《五四文坛点滴》的一封信中这样写道："关于我与鲁迅的问题，亦去事实不远，因为我当初写字条给他，原是只请他不再进我们的院子里就是了。"

或许，当时作人的本意不是兄弟反目。

但是，一切皆成事实。

误会也好，猜测也罢，这反目带给鲁迅的伤害是至深的，也是他一辈子挥之不去的伤痕。

搬出八道湾之后

朱安·蜗牛

1923年8月2日，鲁迅搬出了八道湾。

多亏了俞氏姐妹的帮助，很快他搬进了西城的砖塔胡同六十一号。

彼时，他给了朱安两个选择：一是留在八道湾，一是回绍兴娘家。朱安却执意跟随，说他的生活总需要有个人照应。

> 八道湾我不能住……我独个人跟着叔婶侄儿侄女过，算什么呢！绍兴朱家我也不想去。你搬到砖塔胡同，横竖总要人替你烧饭、缝补、洗衣、扫地的，这些事我可以做，我想和你一起搬出去。
>
> （俞芳《我记忆中的鲁迅先生》）

他，默许了。

她，心安了。

命运，再次将他和朱安捆绑在了一起。

朱安自以为转机来了，想着尽心服侍好他，便能得到他一点点的爱。

但是，他内心仍是不能接受朱安。

朱安不擅长做针线活，好不容易为他做了一条棉裤。她想着大先生肯定不会接纳自己做的棉裤，只是悄悄地放在他的床上。

果然，棉裤没有穿，还被大先生直接扔了出去。

他不愿意穿她做的棉裤，却默许她为自己洗衣服。

他特意准备了一个柳条箱子，箱底和箱盖分开，箱底里放要洗的衣服，箱盖上放已洗好的衣服。这样做，无非就是为了减少和朱安的尴尬见面。

朱安并不为此生气，在她心底鲁迅始终是天，是地，是自己的丈夫，她关心他，爱护他。他烟瘾大，身体被消耗得厉害，每个深夜她都能听到他不停咳嗽的声音，每一声都让她心颤一次。

10月，他肺病发作，病得很严重，是她一直守在床前悉心照料。他一直高烧不退，她便煎汤喂药细心服侍着他。

她对他的好，他是念于心的。

所以，朱安每次生病，鲁迅也会雇人力车夫送她去医院，带她挂号看病住院。他上街回来，总喜欢买些点心，他先送给母亲挑选一点，再送给朱安挑选一点，剩下的才留给自己。

在鲁迅这段长达九个月的苦闷日子里，朱安一直默默地守着他、陪伴着他。于她，这恐怕是不幸婚姻里最幸福的一段日子。

他把最好的一间屋子给朱安住。这间屋子采光比较好，不仅是朱安晚上休息的卧室，也是他白日写作的书房。

让人感到费解的是，他那么不喜朱安，却欣然坐在她的卧室，写下了一篇篇传世名作。

对朱安而言，17年的婚姻，她终于有机会可以与丈夫相处，并成为他身边唯一照顾他的人。

她心里明白，他以前待自己不好，还是想好好地服侍他，只盼着将来会好一点。她觉得自己好比一只蜗牛，从墙根一点一点地往上爬，虽然爬得很慢，但她还是相信总有一天会爬到墙顶的……

有时，爱上一个不该爱的人，无论怎样表达自己的爱意，都只是一种罪过。也是顶悲哀的。

他怎么可能不知道她心底的苦呢？

可是，对于爱，他总是做不到迁就。

或许，这就是他们两人的宿命吧！

《祝福》

1924年2月7日，鲁迅创作了一篇反映妇女再嫁的小说《祝福》。

祥林嫂的不幸，不就是对朱安不幸的真实写照吗？

祥林嫂死于何人之手？祥林嫂的婆婆，鲁四老爷，柳妈，"我"？

在这里，没有纯粹的坏人，也没有绝对的坏事，却依旧是一个悲惨的结局。一切都是命运的操纵，一切都是世俗的束缚。

《祝福》的主旨，不是简单的批判礼教，而是触及灵魂的终极拷问。

> "一个人死了之后，究竟有没有魂灵的？"
>
> ············
>
> "那么，也就有地狱了？"
>
> ············
>
> "那么，死掉的一家的人，都能见面的？"
>
> （《彷徨·祝福》）

祥林嫂这"灵魂三问"，是她信仰彻底崩塌的表现。

显然，现实生活中支撑朱安活下去的，是心底那一点点活着的念想。倘若，他狠心休妻让她再嫁，那么朱安就真的成了祥林嫂。

绍兴习俗，一个嫁出去的女人，如果退回娘家，人们就认为这是被夫家"休"回去的，那时家人的歧视，舆论的谴责，将无情地向她袭来，从此她的处境将不堪设想……

（俞芳《我记忆中的鲁迅先生》）

这样的不幸，他不会让它真实上演。

不能一错再错了。

无论对祥林嫂还是朱安来说，再嫁终究都是一种悲剧。

可是，文中的"我"与作者的人生，未必不是悲剧。

《在酒楼上》

在这个小小的砖塔胡同，鲁迅总共写了十余篇文章。自创作《祝福》以来，他便将自己的创作视角从记忆里的农民转移到现实的知识分子。比如《在酒楼上》，就是从侧面展示了知识分子精神的堕落和消亡。

北方固不是我的旧乡，但南来又只能算一个客子，无论那边的干雪怎样纷飞，这里的柔雪又怎样的依恋，于我都没有什么关系了。

（《彷徨·在酒楼上》）

鲁迅的心境，又何尝不像文中的吕纬甫一样呢？

一个觉醒的知识分子，出于现实的无奈，只能教点"子曰诗云"，聊以糊口维持生计。吕纬甫，正是象征了新旧交替时代的普通知识分子。他们在政治态度上，退化成了模模糊糊、敷衍的庸人。

哀莫大于心死！

吕纬甫再也看不到人生的希望，因而无奈地放弃不再坚守，这是一个时代下知识分子的悲哀。在酒精的催化作用下，他向"我"袒露了自己内心的真实。回乡为小弟迁坟、为顺姑买剪绒花……

吕纬甫的这些言行，里里外外流露的是鲁迅的种种心迹。

哀莫大于心死

因乡谊与鲁迅过从甚密的许钦文在《晨报副刊》发表了一篇《理想的伴侣》，以讽刺"理想的配偶"的可笑。鲁迅也做了一篇《幸福的家庭》发表在《妇女杂志》上，以直面"不幸的家庭"的现状。

之前，鲁迅在许寿裳、齐寿山等好友的帮助下，花了800元大洋购得了阜成门内西三条胡同21号。因为房子过于破旧，他设计了一套装修方案，总算改造成较为满意的四合院。因房子的形状像极了一条尾巴，鲁迅索性便称它为"老虎尾巴"。1924年5月25日，正式移居。无论怎样，他总算有了一个安稳的住处，尽管"幸福的家庭"从来都只是一个奢望。

6月11日，新居的安置暂时告一段落。鲁迅独自去了趟八道湾，打算取回存留的古籍和拓本。没想到，还没踏进后院，便有人骂起来了。

这骂声犹如一个晴天霹雳，他还没缓过神来，便见周作人举起一个尺把高的狮形铜香炉向他砸来。信子也慌忙地拨打电话，借助外力招来重久及张凤举等人。她历数他的罪状，周作人在旁竟也添油加醋。

没想到，事情已经过去了11个月，竟还发展到大打出手的地步。

　　鲁迅向周作人说，你们说我有许多不是，在日本的时候，我因为你们每月只靠留学的一些费用不够开支，便回国做事来帮助你们，及以后的生活，这总算不错了吧？但是周作人当时把手一挥说（鲁迅学做手势）："以前的事不算！"

（许广平《所谓兄弟》）

还有什么话说呢？

鲁迅的心，彻底凉了。

周作人夫妇的愤怒，在于鲁迅打破了11个月前的约定。

原来，他说好把八道湾无条件让出了，说再也不到这里来了。所以，当看到他进来时，他们才如此激动。

其实，鲁迅只想取回留存的古籍和拓本罢了。

现在，他不想解释什么了，心寒至此，一切都罢了吧！

罢了。罢了。罢了。

兄弟之间三四十年的情谊，就这样彻底终结了。

哀莫大于心死。

不想再说什么，也不想多说什么。

西安的失望之行

今年夏天游了一回长安，一个多月之后，胡里胡涂的回来了。

——《坟·说胡须》

西安行

1924年，占据了陕西，自任陕西省省长兼督军的镇嵩军军阀刘镇华为了笼络知识分子，恢复创办了"国立西北大学"。为此，西北大学和陕西教育厅筹办了一个"暑期学校"，特意邀请国内知名学者前来讲学，以此宣传刘省长的"文治武功"。

在北大学生王捷三等人的推荐邀请下，鲁迅欣然应允7月赴陕讲学的事。如若不是碍于时世，他早就想去古都西安看一看了，原因有二：

其一，借此考察唐朝遗迹，为创作长篇小说《杨贵妃》做准备。

早在1921年，鲁迅便已拟好了《杨贵妃》的提纲。

小说计划写20余万字，共分18个章节。整部小说，从唐明皇被刺的一刹那开始，采取倒叙手法，把他生平的一幕一幕写出来，结尾便至明皇授意军士杀死贵妃。以明皇之明，哪里会看不破安禄山的阴谋呢？鲁迅看穿了明皇和贵妃的爱情早就衰竭了，不然何以会有"七月七日长生殿"，两人密誓愿世世为夫妇的情形呢？爱情浓烈的时候，哪里会想到来世呢？

其二，借此游览三秦大地，以解答"孔子西行不到秦"的疑问。除去历史烟尘，在西安留下的只是一个个埋在黄土里的帝王陵墓。走进历史深处，在西安唤醒的是振奋国人的汉唐精神。

遗憾啊。苍凉啊。痛惜啊。

到了西安，他眼见的是：

大小雁塔，塔顶倒圮，塔身朽坏，一派颓败没落的景象。

西安城墙，断壁残垣，瓦砾成堆，一派残破凋零的景象。

今日之西安，已非昨日之长安。

7月21日，暑期学校正式开课。

鲁迅讲的课题是"中国小说的历史的变迁"，总共讲了9天，合计12个半小时。讲义主要选取了《中国小说史略》的精华，删减了其中烦琐的考证，着重阐发了中国小说发展的内在规律。

第一讲，"从神话到神仙传"。他从小说的起源谈起，阐述了劳动和宗教对小说起源的影响。神话是文艺的萌芽。现存汉人的小说，多是假的。着重分析了古代神话片段化的两个原因：其一，太劳苦；其二，易于忘却。

第二讲，"六朝时之志怪与志人"。他特意指出六朝时的小说是在政治力量的干预下得以发展。这时的小说，篇幅相对简短，在荒诞离奇的故事背后，隐藏的却是血雨腥风的多变政局。

第三讲，"唐之传奇文"。他指出唐人已经有意识地做小说，大抵描写的是时事，很少有教化成分。讲到了元稹的《莺莺传》，他又重点分析了中国人固有的大团圆心理。

第四讲，"宋人之'说话'及其影响"。他重点介绍了宋人"说话"中的讲史和小说，宋人极多讲古事，很多都有教化成分。其中，他侧重讲解了《三国演义》和《水浒传》。

第五讲，"明小说之两大主潮"。他分别讲述了神魔之争和世情两个主潮。神魔小说以《西游记》为例，小说主旨多蕴于作者的游戏之笔；世情小说以《金瓶梅》为例，叙述风流放纵的事，于悲欢离合之中写炎凉之世态。

第六讲，"清小说之四派及其末流"。他分别讲述了拟古派、讽刺派、人情派、侠义派等四类小说。拟古小说是指拟六朝之志怪或拟唐朝之传奇，以《聊斋志异》为代表；讽刺小说贵在旨微而语婉，以《儒林外史》为代表；人情小说以达到艺术之高峰《红楼梦》为代表；侠义小说叙侠义之士除盗平叛之事，以《三侠五义》为代表。

在讲演小说史时，鲁迅有意结合中国文化特质，指出中国人的面子主义以及种种劣根性。

中国传统社会是一个典型的熟人社会。人们长期生活在一起，彼此之间相当熟悉，自然里里外外渗透了儒家的礼乐教化意识。面子，只是为了保证两个人面对面，能够不失礼的无意识状态。因此，被泛化的面子，成了一种普遍意识，承载着每个人的社会地位与名声。

这样的面子意识，反映在小说里便是结局往往流于大团圆的固定模式。因此，他格外赞许《红楼梦》，赞许它的伟大价值是敢于跳出大团圆的藩篱。

9天的讲学，总算结束了，然而整体效果却让人不敢恭维。

这倒不是因为鲁迅讲得太深，而是因为学员的文化素养普遍不高。"暑期学校"的培训学员，多半是陕西各县的小学教师，对他们而言这样的学术研究太过前沿。更何况，学非所用，又没有讲义，学员也毫无基础，如听天书一般。

所以，9天之中学员们迟到早退成了普遍现象。

8月8日，《新秦日报》就有了这样的报道："故报名簿上所书之七百余名听讲员，而每次出席者仅数十人，此外如下午之课堂钟点亦减去大半，且有数日无堂者，状颇萧条云。"

其实，刘镇华邀请学者来陕讲学，只是为自己装点门面，他可不是打心底想提高一下陕西的学术水平。

不过，鲁迅还是在尴尬的氛围中，将课程讲完了。

秦腔·易俗社

在西安22天的日子里，鲁迅印象最为深刻的莫过于"易俗社"。

既然来了西安，怎能错过秦人的豪迈风韵呢？

秦腔不愧是中国戏曲的"活化石"，古朴豪迈正好对了鲁迅的欣赏口味。在"易俗社"，他22天里看了五场秦腔，于他，三秦大地的古调也是格外新奇。

每场他看完演出后，总是给予一定的好评。在他看来，西安地处偏远，交通不便，而能有这样一个以社会教育为宗旨的剧社，起到移风易俗的作用，难能可贵。

"易俗社"的社长吕南仲，恰与他都是绍兴人。

彼时，恰逢"易俗社"成立十二周年，他就特意给易俗社拟了"古调独弹"的匾额。

告别之际，他还从讲学稿酬中拿出了50元捐赠给易俗社。

回京之后，他感到一丝眷恋，从自己的译著中挑选了几本书赠予西北大学。这次西安之行，使鲁迅对中国的现状有了更多样而深刻的认识。

　　我为了写关于唐朝的小说，五六年前去过长安。
　　到那里一看，想不到连天空都不像唐朝的天空，费尽心机用幻想描绘的计划完全被打破了……

（《鲁迅书信集·致山本初枝》）

不过，西安的衰败让他大为失望，以至于创作《杨贵妃》的计划幻灭。

于绝望中再反抗

绝望为之虚妄，正与希望相同！

——《野草·希望》

另一个文学战场

回京以来，他从忧郁的波德莱尔那里，汲取到一种适合自己创作的语言，来表达内心的爱与恨、梦与醒、明与暗。

就此，为自己开辟了另一个文学战场。

区别于诉诸论战的呐喊，这是他为自己而写的《野草》。

曾经，无论小说还是杂文，都是他为别人而写的文字。这些文章固然精彩，但难以表现自己的内心世界。从某种意义上讲，他一直是在说与不说之间挣扎着写作。

《野草》，为何就能流露一个真实的自我呢？

《野草》，是他独自一人的心灵诉说。在最痛苦的时候，避开人群躲进丛林独自一人舔舐伤口。

他的内心世界，以隐喻的形式和盘托出。

隐喻，是他诗意的阐释。

从1924年9月开始，他写下了《秋夜》《影的告别》等一系列诉说心灵苦闷的散文诗。

> 在我的后园，可以看见墙外有两株树，一株是枣树，还有一株也是枣树。
>
> （《野草·秋夜》）

《秋夜》一开始便以极富张力的文字，营造出一个独特的象征世界。枣树与天空对抗，象征他在黑暗的闸门里不屈不挠的反抗。

"哇"的一声，夜游的恶鸟飞过了，小飞虫撞到了灯罩上。

> 我赶紧砍断我的心绪，看那老在白纸罩上的小青虫，头大尾小，向日葵子似的，只有半粒小麦那么大，遍身的颜色苍翠得可爱，可怜。
>
> （《野草·秋夜》）

在这个看不见希望的时代，他只能敬奠这些看不到胜利的小英雄。他只能长久地韧性作战，用隐晦象征的语言表达对粉红花、小青虫的关爱。

简而言之，要生存，反抗是唯一选择。

《影的告别》，则是鲁迅向虚无和失望的阴影告别。

> 人睡到不知道时候的时候，就会有影来告别。
>
> （《野草·影的告别》）

这是"影"的独白，更是他苦闷心灵的独白。"形"与"影"的分离，正是他对"有"的拒绝，对已有、将有、既定的一切的拒绝。

> 我愿意这样，朋友——
>
> 我独自远行，不但没有你，并且再没有别的影在黑暗里。只有我被黑暗沉没，那世界全属于我自己。
>
> （《野草·影的告别》）

他坚信黑暗与虚无乃是实有，敢于反抗黑暗与虚无才能活成自己。

不得不说，鲁迅批判他人，只是话中带刺；解剖自己，却是血肉里穿针线。

希望

1925年1月，鲁迅惊异于青年的消沉，于是，他创作《希望》一篇。

> 希望，希望，用这希望的盾，抗拒那空虚中的暗夜的袭来，虽然盾后面也依然是空虚中的暗夜。
>
> （《野草·希望》）

在寂寞深处，他认为总会出现另一种希望。

他只是默认了悲催的现状。《希望》并没明写，但似乎可以感觉到他点了点那沉重的头，转而说，"我只得由我来肉薄这空虚的暗夜了"。

他于无物之阵中大踏步走。深感寂寞，而又努力打破寂寞；看到绝望，而又坚决否定绝望；感到希望的渺茫，而又确信希望的存在。

打破青年的消沉，不就是他期待的希望之歌吗？

反抗绝望，不就是他对未来希望的认可吗？

2月，他又遭遇了两次烦心的笔战。

一是，因深感传统思想毒瘤的根深蒂固，他特意撰写了一篇《咬文嚼字》。

> 以摆脱传统思想的束缚而来主张男女平等的男人，却偏喜欢用轻靓艳丽字样来译外国女人的姓氏：加些草头，女旁，丝旁。不是"思黛儿"，就是"雪琳娜"。
>
> （《华盖集·咬文嚼字》）

二是，答复孙伏园主编的《京报副刊》对"青年必读书"的征求。

> 我看中国书时，总觉得就沉静下去，与实人生离开；读外国书——但除了印度——时，往往就与人生接触，想做点事。
>
> ············
>
> 我以为要少——或者竟不——看中国书，多看外国书。
>
> （《华盖集·青年必读书》）

没想到，这两篇短文一发，就招致接二连三的谩骂笔战。无聊的争论，不解的偏见……蜂拥而来的全是恶毒的攻击与谩骂。

这些攻击他的反对者，全以中西文化对立的视角来批判鲁迅。

可是，他们忽略了鲁迅言论真正的意思。他绝对不是在全盘西化和否定传统，他真正要探讨的是"行"与"言"的问题，"现在的青年最要紧的是'行'，不是'言'"。这是他对青年的忠告，

"行"与"言",不仅是个人修为,更是个人立足社会的根本。

他走得太快,以至同时代没有一个人跟得上他;他走得太远,以至同时代很少有人真正理解他。

有时,他为了强调被人们忽视的一面,不得不选择偏激的言论。

虽然,这场论战最后他胜利了,但却让他感觉无聊至极。

向死而生的精神战士

作为一名精神战士,没有更好的捷径,只有韧性作战,所以,他始终用一支笔在战斗。

1925年4月29日深夜,他创作了一篇《灯下漫笔》,以夜的眼睛,审视历史深处的不幸和血淋淋的真相。内容是他亲历了一件小事,从中悟出只要人的生存还是被压抑的状态,没有获得个体的精神自由,那么人就没有走出"奴隶"的状态。因此,他推出这样颠覆性的结论:

> 一,想做奴隶而不得的时代;
> 二,暂时做稳了奴隶的时代。
> 这一种循环,也就是"先儒"之所谓"一治一乱"……
>
> （《坟·灯下漫笔》）

透视《灯下漫笔》,他从民族心理的角度,剖析了中国历史的两个维度;他从民族文化的角度,揭示并批判了"吃人"依旧存在的现实。

"一治一乱"的历史循环,只是奴隶时代的一次次轮回。

中国人,什么时候才能摆脱奴隶的命运呢?中国人,什么时候才能争取到做人的尊严呢？

做奴隶与奴隶主的传统，不只是遍及社会的各阶层，更是流淌于血液里的基因。这样的传统，不会因战士的决意攻击而逐渐消亡。

> 这人肉的筵宴现在还排着，有许多人还想一直排下去。扫荡这些食人者，掀掉这筵席，毁坏这厨房，则是现在的青年的使命！
>
> （《坟·灯下漫笔》）

这一声呐喊，确实不亚于当年的"救救孩子"。

但愿，新一代青年在反抗的渐进中，迎来曙光。

由此看来，鲁迅始终是一个现实的理想主义者。

4月18日，他写了一篇《忽然想到（六）》。又是一篇随感，他从不奢谈大而无当的玄学妙论，始终将最棘手的生存问题放在首位。

> 我们目下的当务之急，是：一要生存，二要温饱，三要发展。
>
> （《华盖集·忽然想到（六）》）

他认为，衡量文化，不应该以古塑今，而应该以当下的存活作为标准。

对一个战士而言，面对现实，再也没有比活着更重要的事。只有活着，我们才能敢说、敢笑、敢哭、敢怒、敢骂、敢打。

不过，鲁迅已经不是一般的挣扎在生存线上的普通民众。于他，生存之外的紧要事，是持久的韧性作战。

韧性作战，是他一贯的生存态度。

一个小鬼的来信

以悲观作不悲观，以无可为作可为。

——《两地书·五》

许广平的来信

1925年3月11日，鲁迅突然收到一个"陌生女子"的来信。他小心撕开封口，细致地阅读信件内容，上面赫然写道：

鲁迅先生：

　　现在写信给你的，是一个受了你快要两年的教训，是每星期翘盼着听讲《小说史略》的，是当你授课时每每忘形地直率地凭其相同的刚决的言语，好发言的一个小学生。……

（《两地书·一》）

翻到信末，看到落款署名"受教的一个小学生许广平"。

"许广平"在他的脑海里一闪而过。印象还是有一点，好像是女师大一个个子高高的女生，不过吸引他的还是这封信的内容。按照一般的书信套路，先谈论一些公事，后面便是切入主要的私人话题。

不过，在许广平书信的字里行间，隐藏了鲁迅向来期望的青年话语。

> 现在北京学界上一有驱逐校长的事，同时反对的，赞成的，立刻就各标旗帜，校长以"留学"，"留堂"——毕业后在本校任职——谋优良位置为钓饵，学生以权利得失为取舍，今日收买一个，明日收买一个……
>
> （《两地书·一》）

她痛斥北京教育界的种种丑闻，言辞的激烈不亚于他；她倾诉内心的忧虑与苦闷，言辞的真诚不亚于他。

鉴于种种不堪，她诚恳地问道："先生，可有甚么法子能在苦药中加点糖分，令人不觉得苦辛的苦辛？而且有了糖分是否即绝对的不苦？"

小女生，确实有点担心收不到精神偶像的回信。为此，她在信件末尾再次恳求。

> 先生，你能否不像章锡琛先生在《妇女杂志》中答话的那样模胡，而给我一个真切的明白的指引？专此布达，静候
> 撰安！
>
> （《两地书·一》）

鲁迅的回信

面对这么一个痛苦的灵魂，鲁迅怎能坐视不管呢？

不得不说，读完这封来信，鲁迅的心情还是相当不错的，他很认真地回复了这个女学生的来信。

> 广平兄：
>
> 今天收到来信，有些问题恐怕我答不出，姑且写下去看——
>
> ………………
>
> 所以，学校之不甚高明，其实由来已久，加以金钱的魔力，本是非常之大，而中国又是向来善于运用金钱诱惑法术的地方，于是自然就成了这现象。……
>
> （《两地书·二》）

按照一般通信惯例，鲁迅在信中先回复了关于学风的问题，再阐述了一点自己的人生看法。

> 苦茶加糖，其苦之量如故，只是聊胜于无糖，但这糖就不容易找到，我不知道在那里，这一节只好交白卷了。
>
> （《两地书·二》）

他知晓自己不是一个心理医生，就将自己没有法子的法子，告之于她，算是一个聊以慰藉苦闷的法子。

走"人生"的长途，无非就是跨过两大难关。

其一，是"歧路"，墨翟恸哭而返；而他自己不哭不返，只得选一条似乎可走的路再走。其二，是"穷途"，阮籍大哭而回；而他自己踏上去，姑且在刺丛里走走。

对于社会的战斗，鲁迅的选择便是保全自我的"壕堑战"。他心里明白，中国多暗箭，挺身而出的勇士容易丧命，这种战法是必要的。

于是，他在信中写：

> 总结起来，我自己对于苦闷的办法，是专与袭来的苦痛捣乱，将无赖手段当作胜利，硬唱凯歌，算是乐趣，这或者就是糖罢。……
>
> （《两地书•二》）

其实，他的药方不但没有医好她的苦闷，反而把她引向了人生的更大苦闷。

不过，于二人而言，一场旷世之恋的序幕算是开启了。

爱的昵称

3月13日，许广平收到了鲁迅的回信，她有一种朦胧的欣慰，更有一种莫名其妙的激动。

她还记得，那一年某一节课，一个黑影突然进入教室，当时她还感觉诧异。没想到，那个黑影就是大名鼎鼎的作家鲁迅先生。而今，更没想到的是，自己敬仰的大作家鲁迅先生竟与自己通信了。

一个"广平兄"的称呼，让她找到了一条亲近鲁迅内心世界的路径。从此，与"鲁迅师"的通信，便频繁到一发不可收。

她感到惊喜，自己的名字竟紧跟一个"兄"字来；他耐心热情，一本正经地解释起了"兄"字的由来。

> ……旧日或近来所识的朋友，旧同学而至今还在来往的，直接听讲的学生，写信的时候我都称

"兄"；……

（《两地书·四》）

平日里，她有了一个亦师亦友可交心的"鲁迅师"，他则得了一个常以书信交心的"广平兄"。

信，真是一个好的媒介。

她，在信中可用最朴实的语言，打开心扉深入他的内心；他，则在她的字句中感应到亲密和懂得。所谓知己，就似她这般，于光阴里深深地慰藉了他孤寂的灵魂。

一连数封，他都流露了种种隐秘的心绪。

他指导她做事，无须太性急，不要做了盲目的牺牲，要有韧性作战的精神。

虽则先生自己所感觉的是黑暗居多，而对于青年，却处处给与一种不退走，不悲观，不绝望的诱导，自己也仍以悲观作不悲观，以无可为作可为，向前的走去，这种精神，学生是应当效法的。

（《两地书·五》）

她会意了先生的反抗哲学，以悲观作不悲观，以无可为作可为。

曾几何时，他不断问，问这世间能有几人理解自己的心。而今，竟真有人可懂。

他，甘愿做马前卒，在红尘中奔赴有爱的地方。

倘若，没有她写给他的第一封信，那么两人之间肯定不会发展出这一段感情。与鲁迅师大谈社会现象，字里行间是一个别样的许广平。起先，她在信中表现出一点小女生卖萌的意味；而后，逐渐流露出一个小女人撒娇的韵味。

时间，是世上最好的红娘。

但我相信倘有请益的时候，先生是一定不吝赐教的，只是在最有用最经济的时间中，夹入我一个小鬼从中捣乱……

（《两地书·五》）

从3月11日到4月10日，他们通信已经有11封，谈得越来越亲密了。

3月26日，许广平在信中提及少女时代女侠的梦想。

在许广平的信中，字里行间流露着她的小性情。

"小鬼"的自称，打破了他俩之间难以逾越的鸿沟；"捣乱"的自谓，跨越了师生之间难以抹去的交流代沟。

鲁迅，默许了小鬼的昵称。

后来，许广平开始别出心裁地换着不同花样，用不同爱的昵称代替鲁迅师的真名。

亲密的昵称，流露出了爱情的信号。

可爱的"小鬼"

4月12日，许广平到西三条胡同，拜访了鲁迅。

在16日的信中，她将他的西三条住所"老虎尾巴"亲切地称为"秘密窝"。

20日，他带领着有她在内的几个女生参观了教育部直辖的"历史博物馆"。他第一次给这几个女生开小灶，讲解了这些文物背后的历史故事。

当晚，她在信中说道：

今天在讲堂上勒令带上博物馆去的举动，委实太不合于Gentleman（绅士）的态度了。……

（《两地书·一四》）

23日下午，他收到小鬼送来的一筐梨。他真不知道，小鬼心里又想着什么鬼点子。

4月25日，她在信中谈到了自己豪爽的性格。

28日，鲁迅的回信，便少了先前的严肃庄重，多了一份无拘无束。

> ……我却可以自认失败，因为我过于大意，以为广平少爷未必如此"细心"，题目出得太容易了。……
>
> （《两地书·一七》）

自此，他们之间的关系正式揭开了新的一页。

一封封书信，从此多了情话的温馨。

给心爱的人写的情话，或许在别人的眼里无聊至极，但对有情人而言却是甜蜜的。

她是细腻的，他的休息、饮食、抽烟、喝酒，通通都没逃出她的温馨关怀。迈入不惑之年后，他还能感受这样的温暖，何其有幸。

然而，爱，真的可以期待吗？

为何不可？

迈入不惑之年后，一个可爱的小鬼，这样美好地闯入了他的心扉，为何不可？

这只是一份迟来的爱恋而已。

爱情，不就是在这一世寻找与自己灵魂同行的人吗！

小鬼，或许就是。

甘为泥土护春花

愿中国青年都摆脱冷气，只是向上走，不必听自暴自弃者流的话。

——《热风·随感录四十一》

《莽原》

作为一名文化战士，为何而战？为了自由还是公理，这竟然成了一个问题！作战阵地的接连失陷，让鲁迅不时感到一种不快的沮丧。

《语丝》确实已经消沉，一是社会批评的销声匿迹，二是优秀撰稿者的渐行渐远。其实，最让他难以容忍的事，还是《京报副刊》乱登八卦广告的无聊。

为了长久的存续，资金就是一个必须解决的问题。《京报副刊》的运营，也不得不依靠刊登广告的市场化操作。这样的市场化操作，确实解决了棘手的资金问题，却使刊物不可避免地步入没落的境地，渐渐成了庸俗无聊的花边报刊。

鲁迅本质上还是一个自由主义者，有着不合时宜的天性，生来不愿听命于人，撰文更是不愿受制于人。

因此，一个创办自己的刊物的想法开始在他心中酝酿。

正好这时，荆有麟、高长虹几个文学青年也有意办自己的刊物。就此，《莽原》刊物于1925年4月11日应运而生。

> ……那"莽原"二字，是一个八岁的孩子写的，
> 名目也并无意义，与《语丝》相同，可是又仿佛近于
> "旷野"。……
>
> （《两地书·一五》）

《莽原》，以青年作为撰稿主力军，更多寄托了对于青年的希望，他希望青年一代尽可能地发挥自身的批判精神。

这，也是鲁迅创立莽原社的初衷。

只要是青年投来的稿件，鲁迅总是认真校对每一字每一标点。直到深夜，都在仔仔细细为他所期望的青年们工作。

就这样，在《莽原》的旷野上，一批批文学青年聚集于此，言之有物。

就这样，在西三条的"老虎尾巴"里，一批批有志青年会聚在此聆听他的教诲。

4月17日，《莽原》的初刊正式发行。

不久，《莽原》便成了北京青年们心爱的读物。他的文章，更是为青年一代膜拜。

他的散文，隐藏着一颗深沉不安的灵魂；他的杂文，隐藏着一把锐利的匕首。无论是他的散文还是杂文，青年们都爱不释手。

说起鲁迅与青年，不得不谈起一件事。

有一次，北大旁听生冯省三拜访鲁迅。他走到先生床铺上一坐，跷起二郎腿，说道："喂，你门口有个修鞋的，把我这双鞋拿过去，让他修一修。"

鲁迅毫不迟疑，便将冯省三的鞋子拿过去修。鞋子修好，他又拿了回来。冯省三穿上鞋子，也没说一声"谢谢"，扭头便走了。

鲁迅每提到这件事，就说"山东人真是直爽"。

"未名社"

8月初，几个文学青年拜访鲁迅，诉说了他们的创作困境，一般出版社不肯印行青年作家的译作。

借此，鲁迅提议，与这几个青年组建一个新的出版社，起名"未名社"。

他最乐意做的还是文坛伯乐，发现和培养更多的文学青年。

其实，鲁迅当时正在为北新书局编辑一套《未名丛刊》。因此，他便以"未名"为社名，丛刊改归该社发行。以后专门编辑出版"未名新集"，专收社员的稿件。

至于"未名社"运营的资金，他们采用众筹的法子。鲁迅出资350元，其余由他们五人各筹50元。

> 因这丛书的名目，连社名也就叫了"未名"——但并非"没有名目"的意思，是"还没有名目"的意思，恰如孩子的"还未成丁"似的。
>
> （《且介亭杂文·忆韦素园君》）

"未名"，指的是"还未想定名目"，寄寓着鲁迅对青年的期望，正如小树需要照拂一样，青年也需要前辈无微不至的呵护。

彼时，韦素园、李霁野、韦丛芜、台静农、曹靖华，就是鲁迅重点扶植、培养的"未名社"五名骨干。在他看来，这些青年积极有为，经细心教导，日后必将有益于文学革命，他们开拓进取的精神必能闪耀于中国文坛。

"未名社"的发展路径，就这样按照他设计的青年作家培养方案，积极地推进。

在西三条胡同的"老虎尾巴"里，他与这些青年一起谈论创作、翻译。他不止一次地强调翻译对当前文学的重要性。

青年们乐意与鲁迅谈创作，这样比阅读先生的文章更感亲切。

他也非常乐意跟他们分享自己的写作经验。他说自己偶有一点小灵感，便会零星地记录下来。久而久之，这些零碎的随感记录多了，便可以自然而然地做成一篇好的文章。

鲁迅对于"未名社"，投入了太多父亲般的热情。他抚摸新印好的书，就像见到自己的婴儿似的喜悦。

对于一些小细节，鲁迅也非常关心。

比如，他的一些文章，总是先在期刊上发表，再结集印成书。因而，对于再买书的期刊订购者，他总是嘱咐只收印刷费，或者直接赠送读者一本。

> 未名社的同人，实在并没有什么雄心和大志，但是，愿意切切实实的，点点滴滴的做下去的意志，却是大家一致的。……
>
> （《且介亭杂文·忆韦素园君》）

青年作家办自己的出版社，用自己的钱印自己的书，整个"未名社"看起来像一个小作坊。

不过，"未名社"还是运营得相当不错，他们出版了《出了象牙之塔》《外套》《往星中》《穷人》等书籍。

别小瞧这些文学青年，他们后来都成了文学圈的大佬。

关于创作，这些青年将主要精力投入"乡土文学"的构建之中，尤其是台静农出版的短篇小说集《地之子》，让他一跃成为一名出色的乡土文学作家。

翻译方面，"未名社"的贡献也很大。李霁野、韦素园、韦丛芜、曹靖华四人都成了三四十年代翻译界的大腕。更令鲁迅欣慰的是，这四个人此后多年专心从事他所钟爱的苏联文学的翻译，并出版了数部苏联文学的精品译作。

从局外走向局内

我现在愈加相信说话和弄笔的都是不中用的人，无论你说话如何有理，文章如何动人，都是空的。

——《两地书·二二》

女师大学潮

1925年"5·7"国耻日这一天，发生了一次北京女子师范大学的"驱羊运动"。

这一天，女师大校长杨荫榆利用学生们的爱国热情，布置了一个演讲会，试图以主持人的身份重建校长的绝对权威。

其实，学生与杨荫榆校长之间的冲突，只是校务管理上的一点分歧。

事情之所以闹这么大，与杨荫榆的强硬性格有关。作为第一个高校女校长的她，骨子里信奉的完全是传统的家长制，她格外强调学校的校风和秩序，整个学校就犹如一个大家庭。

诚如她的侄女杨绛所回忆的：

她留美回国，做了女师大的校长，大约也自信能有所作为。可是她多年在国外埋头苦读，没看见国内的革命潮流；她不能理解当前的时势，她也没看清自己所处的地位。

（杨绛《回忆我的姑母》）

确实，她长期留学海外，对于国情、学情都不甚了解，所以，才会强行要求学生只管读书，不许参加政治活动。这次，就是因为她不允许学生们参加纪念孙中山的游行活动而爆发了冲突。

她无论在校务管理上还是纪律管束方面都格外严苛，也因此引起一些学生的不满。

这一次，她还有失公允地开除了三个国文系学生，只因为她们未能按时返校。这些做法自然激怒了大部分学生，也成了这次学潮的直接导火索。

学生会成员看到公告后，随即开始抵制杨荫榆，并选派学生代表作为主持人，结果遭到拒绝。于是，学生会临时决议：阻止杨荫榆进入会场，并由许广平、刘和珍等人执行。

大会开始时，当杨荫榆走入会场，许广平等人迎面阻拦。在一片嘘声之中，杨荫榆自感受辱，便大怒呼警察入校，强行压制学生。还好，双方僵持不下时，杨荫榆选择撤离，草草收场。

5月9日，杨荫榆校长公然宣布：许广平等学生煽动学潮，败坏学风，即令开除出校，以免害群。

不得不说，杨荫榆简单粗暴地开除学生，不是解决问题的明智之举，出于一种不可取的主观臆断。不分青红皂白，随意开除学生，确实是杨荫榆的失策，此时，她已经深陷左右为难的境地。这样有失公允地处理学生，不可避免地会带来更多的麻烦，最终造成学潮进一步扩大和反弹。

在积薪之下抛一根洋火，自然免不了燃烧。五七那天，章宅的事情，和我校的可算是遥遥相对，同在这种"整顿学风"之下，生命的牺牲，学业的抛荒，诚然是无可再小的小事。这算什么呢！这总是高压时代所必有的结果。

（《两地书·二〇》）

当晚，许广平便给鲁迅写信表明：为了心中的信念，生命的牺牲，学业的抛弃，这些都算得了什么？

其实，鲁迅何尝不知道她忍受了多少不公，承受了多少屈辱。或许，这也是他怜惜她的一个原因吧。

女师大的教员也太可怜了，只见暗中活动之鬼，而竟没有站出来说话的人。

（《两地书·二二》）

在行动方面，他又何尝不想帮她一下，只是绝望多年，早已无心于什么学潮。或许，这便是他一直处于局外的一个原因吧？

杨荫榆校长的所作所为，确实让学生们感到不解与寒心。

一个学生的力量确实微乎其微，然而一个个学生联合起来，却有可能引发一种翻天覆地的变化。一旦学生们联合起来，实现了组织化，那么下一步便会有舆论的力量影响社会。

5月11日，学生一方表示绝不退让，她们聚集于操场，决议驱逐校长杨荫榆。

杨荫榆闻讯，立即逃往女师大附属学校。学生们封闭了校长办公室，轮流把守，张贴布告，以防杨荫榆再次入校。

杨荫榆，怎么可能善罢甘休呢？

北洋政府，怎么可能置之不理呢？

鲁迅的介入

此时的教育部，正是章士钊执掌并饬令"整顿学风"的时期。

许广平等学生认为，在这个严峻的时刻，最关键的一步，是要获得女师大教员们的支持，共同抗议。当时，大多数教员是保持中立态度的，不过，时局变化已经让他们有些倾向于支持学生们了。

就这样，她们印发了《女师大学生自治会恳请本校教员维持校务函》，并派各个学生代表分头谒见各级主任和教员，请求他们为自己主持正义。

其实，此时学生们已经孤立无援，只能求助她们敬重的鲁迅先生。

对他而言，难道不该介入这次学潮吗？难道还要一直躲在壕堑继续观望吗？他心里明白：迟早要介入这次学潮，更何况喜欢又理解自己的那个女孩，已经卷入这次风暴的旋涡之中。

5月12日，他写了一篇《忽然想到》，公开表明对学潮的意见，更将批判的矛头直指杨荫榆等人。

> 她一得到可以逞威的地位如校长之类，不就雇用了"掠袖擦掌"的打手似的男人，来威吓毫无武力的同性的学生们么？不是利用了外面正有别的学潮的时候，和一些狐群狗党趁势来开除她私意所不喜的学生们么？……
>
> （《华盖集·忽然想到（七）》）

在这一篇杂文中，他依旧以往日的辛辣笔调，分析了"羊显凶相"的卑劣，教导青年们实用的战斗技巧。就此，他彻底从局外走向了局内，站出来为学生们鸣不平了。

5月20日，杨荫榆发表了一篇《对于暴烈学生之感言》，为自己开除六个学生一事辩解。

5月26日，鲁迅便代表女师大学生，草拟了一份《呈教育部文》，历数杨荫榆"尸位素餐，贻害学子"的行径，坚决提出"迅予撤换"的要求。

在强权的威压之下，团结才是正道。

当前，他认为必须主动联名其他教员，澄清学潮的真相，为学生的行为正名。他介入学潮，从一个孤独战士变为一个指导青年的导师。

只是，强权怎能轻易顺应民意，这一战注定任重而道远。

当爱情来敲门

合法也罢！不合法也罢！这都于我们不相干，于你们无关系。总之，风子是我的爱……

——许广平《风子是我的爱……》

学潮再起

5月，注定是一个不平凡的月份。

1925年5月30日，震惊中外的"五卅惨案"发生。起因是5月15日上海日本纱厂的资本家枪杀了工人顾正红，并打伤了10余名工人，这激起了上海工人、学生和市民的强烈愤慨。5月30日，学生联合会为此分派多队在租界内游行演讲，谁知，他们当天下午就遭遇了恶意镇压，有百余人被捕。随后，数千名群众聚集在上海南京路老闸巡捕房门口，要求释放被捕学生。就在这时，英国巡捕竟然向游行队伍开枪射击，打死了十余人，重伤了数十人。

惨案发生后全国震动，北京学生第二天立即响应，全国各大城市的学生也先后罢课。

风起云涌，大家纷纷加入反帝国主义示威运动中去。

民意沸腾下，经历了女师大学潮的青年们也积极投入革命宣传活动中。

7月，北京又掀起了新一轮的学潮，使得女师大学潮进一步升级蔓延。

7月29日，杨荫榆在教育总长章士钊的支持下，下了决心继续以强硬手段打压学生。她一面解散学生自治会，一面让军警进驻学校。

8月1日，杨荫榆竟然下令解散大学预科班以及国文系三年级，还勒令所有住校学生立即离校。学生们自然不从，军警便强行入校，剪断了电话线，殴打了女学生，让这场学潮进入白热化阶段。

杨荫榆如此粗暴的处理方式，为形势的恶化埋下了伏笔。她不顾大多数学生的切身感受，一意孤行，对学生实施报复性惩罚，进一步将自己置于社会舆论的对立面。

面对这样无理的命令，学生怎能逆来顺受呢？

她们本是手无寸铁的学生，杨荫榆竟然指使军警强行驱逐和殴打她们，她们怎能不坚决反抗呢？！

对处于劣势的学生，鲁迅怎能置之不管呢？

那一夜，鲁迅与许寿裳等教师留校值夜班，用自己的实际行动支持学生们的勇敢护校行为，粉碎所谓正人君子散布的"男女学生混杂"的流言蜚语。

他，向来厌恶这种莫须有的帮腔伎俩。

8月5日，他愤怒地写下了《流言与谎言》，力证"武装入校"是杨荫榆之流早有的预谋。

次日，他再写一篇《女校长的男女的梦》，直接揭穿了杨荫榆等人污蔑学生的谎言。

文章一发出，杨荫榆就闹到了教育部，章士钊顺势下令停办女师大，还免去了鲁迅的佥事职务。

就这样，这一次学潮，他算完全卷入其中了。

8月19日，教育司司长刘百昭率领一帮流氓打手分头拥入女师大，见到女学生便强拖出校。

停办女师大，受到社会各界的强烈反对。

北京学生联合会斥责章士钊"摧残教育，禁止爱国"；北京大学评议会决议脱离教育部的管理；女师大学生们，则群情激愤，誓死护校。

8月22日，鲁迅毅然将自己的顶头上司章士钊告上了法庭，并继续担任女师大校务维持会委员，与女师大学生共进退。

我，可以爱

这一时期，小鬼许广平的一封封书信，给鲁迅带来了不少的慰藉。

他们的通信不是情书，却别具一番情趣。

自7月13日的书信，许广平便开始称呼鲁迅为"嫩弟"，自己也大模大样地署名"愚兄"。

7月15日，鲁迅的回信里写道："你一定要我用'教鞭'么？！"

当天，许广平就回信了，再次称鲁迅为"嫩棣棣"。

其实，在6月2日的信里，鲁迅就开始将落款改成了一个"迅"字。

书信称呼的转变，表明他们之间已经不是简单的师生通信，字里行间开始流露出男女之情了。

因为工作太忙，鲁迅这次回信一拖就是半个月。其实，背后的原因还是，鲁迅在犹豫之后遵循了内心的选择。

天只管下雨，绣花衫不知如何？放晴的时候，赶紧晒一晒罢，千切千切！

（《两地书·三五》）

他在信的末尾，还是写了一句贴心的恋爱话语。这一切，都算是许广平大胆攻势的结果。

可喜的是，鲁迅竟正面回应了她发出的示爱信号。他笼罩内心长达十几年的婚恋阴霾，似乎被许广平的热情驱散了。只是，师生身份的界限，还是难以突破。

无爱婚姻，早已使鲁迅有了难以弥合的心灵创伤。

他曾直白地表达过自己的担忧："其实呢，异性，我是爱的，但我一向不敢，因为我自己明白各种缺点，深恐辱没了对手……"

爱情，虽然给他带来了第二次青春，但面对无爱的朱安，他心底依旧满是愧疚和纠结。

那时，受女师大学潮的影响，许广平没了去处，只能暂时借住在鲁迅家一段日子，也就是在此期间，他们确立了恋爱关系。

当命运走到了十字路口，为了争取当前的爱情，他选择背叛那个无爱的婚姻了。

这次，他主动做出了最后的抉择，不能不说这是小鬼的彻底胜利。从爱情的局外走入局内，小鬼改变了他对爱情的态度。从学潮的局外走入局内，他也为小鬼两肋插刀，坚持到底。

女师大学潮，让他们挣开了一切礼教束缚，最终打开彼此的心灵走到了一起。

12月26日，鲁迅从温馨的爱情中汲取了力量，重新点燃激情写下了《腊叶》，以记录内心深处对小鬼的感激。

在《腊叶》里，他描写了爱者与被爱者的亲密关系。字里行间，他回应了小鬼的爱，表白自己完全可以接受这一份真正的爱。

无疑，这一次表白，就是他们二人世界里的爱情宣言。她鼓舞他努力工作，不要松懈，不要怠忽；她叮嘱他多加保养，不要过劳，不要发狠。

1926年2月23日，许广平的《风子是我的爱……》刊登在《国民新报副刊》上，用文字大声宣告了他们这一场来之不易的恋情。

> 它——风子——承认我战胜了！甘于做我的俘虏了！……合法也罢！不合法也罢！这都于我们不相干，于你们无关系。总之，风子是我的爱……呀！风子。
>
> （许广平《风子是我的爱……》）

无论"合法"，还是"不合法"，她都不会顾及那么多了。

抓住了爱情的影子，许广平彻底地表白了自己的心意。就此，他们正式向天下宣告两人的恋爱关系。

从此，这一世他们将厮守终生。

孤独者最后的彷徨

人必生活着，爱才有所附丽。

——《彷徨·伤逝》

爱·孤独

爱，在平淡生活中细水长流，这是他俩喜欢的状态。

没有太多的轰轰烈烈，也不惊天动地，但是有相亲相爱的依恋，有缠绵不断的思念。

爱到深处，也会许下爱的诺言。

这样的爱，是甜美的，也是温暖的，给鲁迅孤寂的心灵带来深深的慰藉。

爱意深浓里，他还是会想到孤寂。

1926年10月，他创作了一篇小说《孤独者》。

小说中的魏连殳，处处流露的正是他内心曾经的孤寂。孤寂的他，就像一匹受伤的狼，深夜在旷野中嗥叫，惨伤里夹杂着愤怒和悲哀。

> 我和魏连殳相识一场，回想起来倒也别致，竟是以送殓始，以送殓终。
>
> （《彷徨·孤独者》）

文中的"我"是小说的写作者，也是一个旁观者。在"我"的叙述视角下，魏连殳的一生，注定是一出悲剧，他注定也是一个孤独者。"我"与魏连殳，是孤独者鲁迅的一个正面或侧面。

> 他是一个短小瘦削的人，长方脸，蓬松的头发和浓黑的须眉占了一脸的小半，只见两眼在黑气里发光。
>
> （《彷徨·孤独者》）

这，不就是鲁迅自己典型的形象吗？

通过魏连殳与"我"的三次对话，可窥视出他心灵世界的"反抗——顺从——反抗"的三次变化。

反抗、抗拒的结果是孤寂，而顺从、隐忍的结果也是孤寂。

魏连殳的反抗之路，折射出了生存的艰难，这正是鲁迅对知识分子堕落的忧愤和反思。

有时，玩世不恭和自甘堕落，只有半步之差。

堕落前，他虽孤独，但还有几个可托的朋友；堕落后，他虽荣耀，却无一个可托的朋友。

到了小说结尾，鲁迅将死亡的"轮回"主题推向了极致。最后，"我"的心绪趋于平静，坦然地沿剩下的路走下去。

《孤独者》的创作，是鲁迅心灵的一次隐秘释放。魏连殳的死，更是昭示鲁迅自己曾经迟暮的心宣告解脱。他宣告沉重和绝望成为过去，开始宽慰自己，迎接下一个阶段的人生际遇。

经历一次接一次的彷徨，鲁迅最终还是擎着孤独者的利剑，怀着哈姆雷特的忧郁，骑着堂吉诃德的马，跨越了过客的崎岖之路。

令人欣慰的是，现实中的鲁迅，还有一个理解自己的红颜知己许广平。

《伤逝》·爱的内省手记

在《孤独者》完结的四天后，鲁迅创作了《伤逝》，这是一篇爱的内省手记。

所谓"伤逝"，正是伤感地回忆逝去的往事。这也是鲁迅笔下唯一的爱情小说，没有惊天动地、山盟海誓，有的只是淡淡的忧伤、深深的内省。

> 如果我能够，我要写下我的悔恨和悲哀，为子君，为自己。
>
> （《彷徨·伤逝》）

小说一开始，便定下了忏悔的基调，以涓生的自省视角，追忆自己与子君之间的恋爱悲剧。

> 我是我自己的，他们谁也没有干涉我的权利！
>
> （《彷徨·伤逝》）

这是子君的爱情宣言，也是她最终走向悲剧的一句谶语。

因为爱情，子君选择了浪漫的私奔，开始了一段奔向自由的梦幻之旅。

她确实掌握了自己的婚恋主动权，然而要走出封建家庭的束缚，就要承担最基本的生计问题。不得不说，涓生把子君从封建深闺的牢笼中拯救出来，却又将她推向另一个无底的痛苦深渊。

　　爱情必须时时更新，生长，创造。

（《彷徨·伤逝》）

　　涓生伤心地回忆逝去的时光，爱情、希望、理想，二人世界里最美好的东西都逝去了。

　　人必生活着，爱才有所附丽。

（《彷徨·伤逝》）

　　人生在世，活着才是最重要的，爱得再死去活来，一旦面对生活，就会陷入柴米油盐，就会陷为生计奔劳。所以，爱情在他们没有直面生活之时，是他们的精神动力，然而，在他们陷入生计困难之时，就成了他们最大的负担。

　　生活的重压，要压倒他们这个虚空的爱情大厦。重压逼迫下涓生不得不反思现实，竟然有了分手的念头，但又不想成为提出分手的渣男。就这样，在某个夜深人静的晚上，他竟然想过让她死去。

　　涓生终于将分手说出了口。

　　其实，在一系列痛苦的怀疑和抉择之后，涓生发现了爱情的真相。

　　他发现，他们神圣的爱情大厦，内部是谎言做的钢筋，表演做的混凝土。最可怕的是爱情大厦的地基，还全是些虚无的热情。而遥远西方传来的自由与平等，在面对生活的残酷时，显得多么幼稚可笑。

　　涓生，直面鲜血淋漓的生活真相，所以，他决定选择退出。

　　爱情，固然不是金钱所能买到的，但却能够被金钱毁掉。

　　对子君而言，这样的结果，绝对是一种残酷的毁灭。涓生明明知道，子君离开了这座爱情大厦，只有死路一条，可他还是把真相告诉了子君。

　　没有了爱，子君只能走向最后的死亡。

没有了爱，涓生只是多了些悔恨。

> 我活着，我总得向着新的生路跨出去，那第一
> 步，——却不过是写下我的悔恨和悲哀，为子君，为
> 自己。

（《彷徨·伤逝》）

在这个爱情世界里，无须第三者插足，生活就是最残酷的第三者。

> 我要遗忘；我为自己，并且要不再想到这用了遗
> 忘给子君送葬。
> 我要向着新的生路跨进第一步去，我要将真实深
> 深地藏在心的创伤中，默默地前行，用遗忘和说谎做
> 我的前导……

（《彷徨·伤逝》）

涓生还是给自己，找到了一个走出绝望的理由。

鲁迅，用一支笔残酷地导演了这一场爱情悲剧，犀利地将神圣的爱情解构得体无完肤。

其实，《伤逝》也是他以诗意的笔调来回应许广平的爱。

对爱情，他不只做最美的憧憬，还做了必要的最坏的心理准备。

许广平终究不是软弱的子君。当爱情遭遇生活，她也早已做好了心理准备。

第五章

风潮

血写的三一八惨案

真的猛士，敢于直面惨淡的人生，敢于正视淋漓的鲜血。

——《华盖集续编·记念刘和珍君》

三一八惨案

1925年11月，女师大在革命风潮中取得了复校的胜利。

1926年1月17日，教育部发布了鲁迅的"复职令"。

就在大家为胜利欢欣鼓舞之时，一场血案即将发生。

3月12日，国民军与奉军交战。日本两艘驱逐舰掩护奉军的渤海舰队，驶进天津大沽口，炮击国民军，使守军死伤十余名。国民军坚决还击，将日舰驱逐出了大沽口。

奉系军阀出战失利，其主子日本帝国，不甘心在华利益受损，就以维护《辛丑条约》为由，纠集英、美等八国，于3月16日向段祺瑞执政府发出了撤除大沽口国防设施的无理要求。

很明显，这是一个带有挑衅性的"最后通牒"。

3月18日上午，北京各界人民因此在天安门广场召开了声势浩大的"反对八国最后通牒国民大会"。

大会聚集了60多个团体，5000余人。

下午，李大钊等人主持组织了2000多人的请愿团，高呼口号，直奔执政府所在的铁狮子胡同……他们高呼"打倒帝国主义""驱逐八国公使出境"，并唱"国民革命歌"，更有喊"打倒段祺瑞"……（参阅李健民《北京三一八惨案》）

然而，谁也没想到，一场血腥的屠杀正等着他们。

许广平原计划也要参加这次请愿活动的。后来，她因要给鲁迅抄写《小说旧闻钞》，而留在了"老虎尾巴"的南屋里。幸亏没去，不然恐又多牺牲一个无辜的青年。

上午10点多，许羡苏就带来了噩耗：铁狮子胡同的军警拿着机关枪向学生、群众扫射，被枪杀的学生、群众有47人，伤者199人。

通过当时在场的朱自清的回忆文章，可以看到执政府开枪屠杀的血腥场面：

> 这时已听到劈劈拍拍的枪声了，我生平是第一次听枪声，起初还以为是空枪呢（这时已忘记了看见装子弹的事）。但一两分钟后，有鲜红的热血从上面滴到我的手背上，马褂上了，我立刻明白屠杀已在进行！这时并不害怕，只静静的注意自己的运命，其余什么都忘记。……
>
> （朱自清《执政府大屠杀记》）

不知是谁发出一声"开枪"的口令，失去理智的军警就公然向手无寸铁的民众开了枪。

被枪杀的学生、群众尸体横陈，鲜血遍地……场面让人震惊。

当鲁迅得知死者中竟有自己的学生时，他再也无法抑制内心的悲痛。

在他的内心深处，有一种难以言说的苦痛自责，毕竟自己一再对青年启蒙，希望他们觉醒反抗。这一次请愿活动闹得不可收拾，自己应该负责任的。

3月18日，是鲁迅难以忘记的黑暗的一天。

当晚，他快要将《无花的蔷薇之二》的一半写完，到了第四节便笔锋一转，将先前的构思全部抛弃，转而写出难以遏制的一腔愤怒：

> 现在，听说北京城中，已经施行了大杀戮了。当我写出上面这些无聊的文字的时候，正是许多青年受弹饮刃的时候。呜呼，人和人的魂灵，是不相通的。
>
> （《华盖集续编·无花的蔷薇之二》）

青年学生，本应该安心读书，而时局动荡到让他们无法安心。假如当局者稍有一点良心，应该反躬自责，而不是将他们虐杀了。

因为这残酷的虐杀，1926年的3月18日成为民国以来最黑暗的一天。

流言

段祺瑞执政府，真的是太无耻了。

他们一面穷凶极恶地枪杀群众，一面又极力掩盖这血的事实。他们竟然宣布，被枪杀的死者皆为"暴徒"，将枪杀说成必要的"平暴"。最可气的是，一些所谓"正人君子"，还无耻地散布流言，污蔑学生群众是"自踏死地"。

这一批帮闲文人的丑恶嘴脸和无耻行径，比其主子的残暴更为可恶,也更为可恨。

帮闲文人,素日替主子打发闲散的时光,本就惹得鲁迅恶心。如今,在如此惨案发生后还说这些无耻的风凉话,让他更为愤怒。

47人的死亡,执政府应该负有直接责任。就算是对一群暴徒,也应该走正常的法律程序,依法逮捕也是无可非议的手段,然而无良的执政府不仅滥杀无辜,还在之后欲盖弥彰,极力推卸责任,并让一批帮闲文人编造谎言掩盖事实的真相。

真是太可恶了!

3月25日上午,女师大大礼堂,举行了刘和珍和杨德群的追悼会。

礼堂内,学生们禁不住放声大哭,悲哀、悲痛、悲愤。礼堂外,鲁迅独自一人静穆而立,沉默、沉痛、沉思。就在他沉思的时候,一位姓程的学生前来问道:"先生可曾为刘和珍写了点什么没有?"

可是,长歌当哭,是必须在痛定之后的。

次日,段祺瑞执政府的通缉令上,竟赫然出现了鲁迅的名字。

这一次,他算是意料之中地上了黑名单,也算是彻底公开,与段祺瑞执政府对抗到底了。

在日本医院短暂避难后,他不得不再次躲到自己的"壕堑"里。

4月1日晚,鲁迅回到了自己的"老虎尾巴",睹物思人,他又想起刘和珍等青年的惨剧。

这一次,为了告慰死去的40余名青年,他必须得写点东西了。

> 惨象,已使我目不忍视了;流言,尤使我耳不忍闻。我还有什么话可说呢?我懂得衰亡民族之所以默无声息的缘由了。沉默呵,沉默呵!不在沉默中爆发,就在沉默中灭亡。
>
> (《华盖集续编·记念刘和珍君》)

　　这一次，他相信在淡淡的血痕中，存有真的猛士。"真的猛士，敢于直面惨淡的人生，敢于正视淋漓的鲜血。"这一句，正面肯定了刘和珍等人的英勇行为，不仅粉碎了那些"正人君子"的流言，更否定了段祺瑞执政府给予他们的污蔑。

　　这一次，他坚信在淡红的血色中，存有青年的觉醒。他们的灵魂，依次屹立在他的眼前，是绰约的，是纯真的。他们不是"苟活到现在的我"的学生，他们是为了中国而死的中国的青年。

　　无论怎样，血色"三一八"惨案，彻底改变了鲁迅的人生轨迹。

　　这一场惨案，也撬动了中国政坛的格局。

　　段祺瑞执政府已遇到空前的危机，段祺瑞的下台也只是一个时间问题。

离京南下比翼飞

希望是附丽于存在的，有存在，便有希望，有希望，便是光明。

——《华盖集续编·记谈话》

华盖集

1926年5月，段祺瑞的执政府倒台了，那一纸通缉令也随之失效。

其实，制造"三一八"惨案，段祺瑞犯了太大的错误，直接导致自己最终下台。开枪虐杀学生群众，就是直接将执政府推向舆论浪涛的边缘；利用帮闲文人散布流言，是无能政府推脱责任的愚蠢之举；通缉进步知识分子，本身就是为自己掘墓的举动。

这一次，段祺瑞算是输得一败涂地，一世英名毁于一旦。

假如没有"三一八"惨案，段祺瑞的历史形象，就不会是一个脸谱化的刽子手，有关他的历史记忆还会定格于"三造共和"的伟大。然而，没有假如。

鲁迅回到了西三条胡同的绿林书屋，在近两个月的辗转逃亡之中，他创作了一系列关于女师大斗争所见所想的杂文。6月，他将这些杂文结集成册取名《华盖集》，由北新书局出版。

> 我平生没有学过算命，不过听老年人说，人是有时要交"华盖运"的。……所以，这运，在和尚是好运：顶有华盖，自然是成佛作祖之兆。但俗人可不行，华盖在上，就要给罩住了，只好碰钉子。
>
> （《华盖集·题记》）

在他看来，这一两年算是交了"华盖运"，论争、学潮、免职、通缉……

这本《华盖集》，不仅记录了鲁迅对传统文化的独特见解，更是回应论战和误解的内心独白。

1925年11月，鲁迅发表了《离婚》，之后算是暂时停止了小说的创作。

停止小说创作后，他又登上了杂文创作的一个新高峰。

杂文的外在形式，是批判谩骂自成一体；杂文的内在精神，是直接剖析文化心理。

他的杂文透露着他的文化性格，在杂文的字里行间，流露着他的人格情怀。他的杂文之美，不在于技巧的圆熟，而在于文中背后的人格透视。"言为心声，文如其人"，是对他杂文最恰切的评价。

毕竟是学医出身，他将杂文作为手术刀，医治国人的灵魂，因而刻意强调功用性，不自觉便削弱了杂文的艺术性。

比翼南飞

一个好消息。

1926年7月28日，经好友林语堂的推荐，厦门大学聘请鲁迅担任国文系教授兼国学研究院研究教授。

经熟人的推荐，许广平也要回到她的母校——广东省立女子师范学校，担任训育主任等教职。

女师大的姑娘们经历了一场场血色风潮，总算学业有成，毕业了。

8月12日，许广平等学生为了表达对各位先生的敬意，特意写了请帖，邀请他们参加答谢宴会。

8月13日，鲁迅准时参加了答谢宴，一同参加的还有徐旭生、朱逖先、沈尹默、许季市。

不久，许广平到了鲁迅家，他们在一起交流各自下一步的打算。他领着她，走到庭院，一起欣赏幽香淡淡的丁香花。不多时，他打开了院门，她紧紧地挨着他的肩，两人一齐往外走了。

这一切，都被在厨房里忙碌的朱安看得清清楚楚。她心里明白，就是这个高个子女孩，每到西三条胡同，大先生都会这样激动。但她还不知道，他们不仅已经走在一起，还要一起"比翼南飞"呢。

对鲁迅而言，离开北京，成了早晚的事。

或多或少，还是有点眷恋。在这里，他有慈母，有亲朋与仇敌，有深夜撰文的绿林书屋。毕竟，这里是亲人聚在一起的第二个故乡，是新文化运动的发源地，也是消耗自己十四年生命的地方。

往事不堪回首，终究还是要离开这个难以言说的北京城。

因为做评论，敌人就多起来，北京大学教授陈源开始发表这"鲁迅"就是我，由此弄到段祺瑞将我撤

职，并且还要逮捕我。我只好离开北京，到厦门大学
做教授。

（《集外集·自传》）

其实，撤职和逮捕令早已收回，鲁迅之所以离开北京，多半还
是因为个人的情感问题。说白了，就是为了追求爱情，为了与恋人
许广平开始一段新的生活，为此他毅然选择离开北京。

这一次，他要与心爱的人一起比翼南飞。

北京有朱安，想不辜负她，终究也是辜负了；北京有二弟，付
出再多亲情，终究还是分道扬镳了；北京有母亲，再爱她终究还是
承受不起她给的母爱；北京有论敌，怕会再辱没了小鬼。

罢了，与其让自己深陷是非之地，还不如带着小鬼一起远走
高飞。

就这样，他与久久等待着的她，一起携命运结伴而行了。

8月22日，他在女师大风潮一周年纪念的日子里，做了个热情
洋溢的演讲：

我们所可以自慰的，想来想去，也还是所谓对于
将来的希望。希望是附丽于存在的，有存在，便有希
望，有希望，便是光明。

（《华盖集续编》）

这一段话，何尝不是他离开北京时的心情写照呢？

他正是满怀着希望，踏上了南下的旅程。

为什么要远去厦门呢？一言以蔽之，还是看在了"钱"的面子
上，厦大愿意出400元大洋月薪。

8月26日，鲁迅与许广平一同沿着津浦路乘车南下，于8月30日
抵达上海。

他们早已商议，先分开两年，各自做些准备，再决定将来的

生活。

这期间，许广平顺便拜访了上海的亲戚。

9月2日，他们乘上了各自前行的轮船南下。许广平乘坐"广大"号回广州，鲁迅则乘船离开了上海，驶向厦门。

9月4日，鲁迅乘坐的"新宁"号，总算抵达厦门。

孤岛的烦闷印记

我的确时时解剖别人，然而更多的是更无情面地解剖我自己。

——《坟·写在〈坟〉后面》

厦大时光

经历了"三一八"血的洗礼，越来越多的青年南下投身革命。厦门只是一个孤岛，一个被阻绝被遗弃的孤岛。

1926年9月4日，鲁迅抵达厦门大学，算是逃离了血腥的北京，只是感到有点烦闷。21天后，他从厦大的生物楼搬进了集美楼。在这个孤岛，作为外来者的他，总是感觉种种的不适应，寂寞也成了心情的主旋律。

经历了血腥屠杀，他只想在厦大沉寂上一两年，安心教书和写作，至于革命，似乎从来都不是他考虑的事。开学之际，他在厦大国文系开设了中国文学史与中国小说史两个课程，每周五个课时。讲授小说史，对他来说不算什么难事，《中国小说史略》可以作为现成的讲义；至于讲授中国文学史也不难，可以利用以前整理的文史资料编写一本《汉文学史纲要》作为讲义。

对于中国文学史，原则上就是要追寻历史的轨迹，重新梳理一遍中国文学的发展脉络。然而，编写长达3000多年的文学史，本身就是一个巨大的写作工程。为此，他只得按照教学计划，先完成先秦、秦汉部分。

拟定了一个提纲：自文字至文章；《书》与《诗》；老庄；屈原及宋玉；李斯；汉宫之楚声；贾谊与晁错；藩国之文术；武帝时文术之盛；司马相如与司马迁。对这些文史材料，他再熟悉不过，只是没有太多的时间处理。

这次编写文学史，同小说史一样，他仍刻意用文言文撰写讲义。文言文简练，别有一番深沉的韵味。

在厦大，同在北京一样，他的课照样还是广受学生欢迎。

> 他的从容的讲学态度，他的娓娓动听的言词（辞），常能够吸引听讲的人，使他们乐而不倦。
>
> （陈梦韶《鲁迅在厦门》）

只是，讲课之外他的生活有些单调乏味了。

乏味的生活，只能靠回忆填补不少的精神空白。回忆逝去的岁月里，一些让他魂牵梦萦的人，一些刻骨铭心的事。因此，他的文学创作方向，又一次发生了战略性的大转移。

《旧事重提》（后改名《朝花夕拾》）的写作，正是标志着他的写作主题有了战略性的转移。

过去的记忆，流淌在笔尖，一股浓浓的乡愁便倾泻而出。

写童年，殷实家庭的幸福，再现了他的活泼可爱；写少年，家庭变故的不幸，激发了他的怀疑意识。

仇猫，是他厌恶媚态的自然表露；喜鼠，是他怜悯弱者的真情流露。

长妈妈，是他终生难以忘怀的一个保姆；《山海经》，是他平生最爱的第一本好书。

对《二十四孝图》的批判，呼应了白话文的提倡；对古代孝文化的重估，承接了新思潮的启蒙。

就此，再烦闷的生活，也因回忆而变得温馨有趣。这些拾起就不愿丢下的旧事，慰藉了他的精神，温暖了他的心灵。

两地传书

烦闷与孤寂，并非长时间占据鲁迅的生活。

因为，此时的他有了一个爱他的小鬼许广平。彼时，厦门与广州之间的两地传书，几乎占据了他大半课余时间。在厦门短短的四个月里，他们之间通信多达80封，几乎每隔36个小时就能有一次通信。

正是这些通信，消散了鲁迅的烦闷，打碎了他的孤独。

9月4日，也就是鲁迅到达厦大的当天，他便迫不及待地给许广平写信。

> 我写此信时，你还在船上，但我当于明天发出，则你一到校，此信也就到了。
>
> （《两地书·三六》）

这几日，许广平的信更是事无巨细，一件件向鲁迅汇报。或许，因为心里的牵挂，总想找一个人聊聊，便是想到什么说什么。这时的她，不再是那个时刻让人担忧的"害马"，而是时刻牵挂爱人的妻子。

9月13日，他给许广平寄了一张明信片。背面是厦大的全景，前面是海，对面是鼓浪屿。

9月14日，他在给许广平的信中，吐槽了学校的伙食不好，并汇报了自己的吃饭问题。

> 校内的饭菜是不能吃的，我们合雇了一个厨子，
> 每月工钱十元，每人饭菜钱十元，但仍然淡而无味。
>
> （《两地书·四一》）

9月28日，他在给许广平的信中，说：自己买了白糖，却不知怎么存放。原来这里的蚂蚁，可怕极了，小而红，无处不有。他将白糖放置碗内，一时疏忽，顷刻之间，满碗都是小蚂蚁。

他非常喜欢这里的点心，但忌惮蚂蚁太多，每次都不敢多买。

9月30日，他在给许广平的信中，写到自己上课不怎么斜视女生。

> 听讲的学生倒多起来了，大概有许多是别科的。
> 女生共五人。我决定目不邪视，而且将来永远如此，
> 直到离开了厦门。
>
> （《两地书·四八》）

10月28日，他在给许广平的信中，检讨了自己跳铁丝栏而受伤的事。

> 楼下的后面有一片花圃，用有刺的铁丝拦着，我
> 因为要看它有怎样的拦阻力，前几天跳了一回试试。
> 跳出了，但那刺果然有效，刺了我两个小伤，一股
> 上，一膝旁，可是并不深，至多不过一分。
>
> （《两地书·六二》）

11月7日，他在给许广平的信中，也不时地发一点牢骚。

中大的薪水比厦大少，这我倒并不在意，所虑的是功课多，听说每周最多可至十二小时，而做文章一定也万不能免，即如伏园所办的副刊，就非投稿不可，倘再加别的事情，我就又须吃药做文章了。

（《两地书·六九》）

12月2日，他回信给许广平，说自己已经穿上了爱人织的毛背心了。

包裹已经取来了，背心已穿在小衫外，很暖，我看这样就可以过冬，无需棉袍了。……

（《两地书·八五》）

抚慰远方的恋人，也是宽慰自己的心灵。

然而，内心疯长的思念，还是难以用诉诸笔端的文字来消解。

时间、距离，总是折磨着分隔两地的恋人。为了不再折磨彼此，他终于下定决心最多只再与她分离一年。

转战革命策源地

我们要说现代的，自己的话；用活着的白话，将自己的思想、感情直白地说出来。

——《三闲集·无声的中国》

高长虹的挑衅

在厦门的时日，文学青年高长虹对鲁迅发起了挑衅。

1926年11月21日，高长虹在《狂飙》周刊上，发表了一首情诗《给——》。

我在天涯行走/太阳是我的朋友/月儿我交给他了/带她向夜归去/夜是阴冷黑暗/他嫉妒那太阳/太阳丢开他走了/从此再未相见。

后来，鲁迅才知道，高长虹的情诗是在表达他暗恋许广平，正在吃自己的醋。倘若高长虹只是因爱而昏了头脑，还是可以原谅他的年少无知，然而，他这般暗施冷箭的所作所为，让鲁迅着实气愤。

而这一切，许广平还蒙在鼓里。

之前，她只是欣赏高长虹的才华，不承想高长虹却把自己当成了红颜知己，而鲁迅与自己的相爱也被他误解成了横刀夺爱。

一切冲突的根源，还在于高长虹的性情。

这个青年，或多或少将鲁迅的人格过度理想化了。而现实中的鲁迅，也是凡人一枚，并不是完美的圣人，这便让他有了深深的失落感。于是，他心目中的偶像，与现实中的鲁迅形成了巨大的反差。同时，又因为鲁迅离京南下后彼此少有联系，高长虹的心理失衡了，最终导致了这场因爱生恨的挑衅。

然而对这些事，鲁迅全然不知，只是感觉这个青年不靠谱。

高长虹的一次次挑衅，让他想起与二弟之间那些不愉快。

12月，高长虹还在作诗谩骂与影射他，这次真的惹怒了鲁迅，于是他便写了一篇历史小说《奔月》，予以猛烈的反击。

鲁迅以反英雄的笔调写后羿，刻意写出了英雄末路的无奈。

后羿，这个射日英雄早已落魄，但英雄终究还是英雄，气魄和豪迈不减当年。射日的神箭只能用来打猎，到头来还是难以满足嫦娥矫情的肠胃。误杀母鸡被老妇人质疑英雄身份，一代英雄的尴尬怎不让人心疼？然而，最为失落的，还是妻子的背叛。嫦娥终究还是熬不了这种苦日子，吞下仙丹独自离家奔向月亮。

后羿的弟子逢蒙，更是欺世盗名，向后羿暗放冷箭，要置师父于死地。

后羿与逢蒙，不正是他对高长虹污蔑的最有力回击吗？

> 真不料有这样没出息。青青年纪，倒学会了诅咒，怪不得那老婆子会那么相信他。
>
> （《故事新编·奔月》）

鲁迅将神话彻底地解构和颠覆，里面到处都是平庸化的人。

这是一个远离英雄的时代，而后羿确实是一个失落的悲情英雄。外在冷落与内在孤独，一起构成了他的尴尬处境。

不可否认，后羿的孤独，也是鲁迅真性情的一次自然流露。

中大任教

12月16日，鲁迅接到了广州中山大学的聘书，于是决定明年二月离开厦大。

> 次日又得中大委员会十五来信，言所定"正教授"只我一人，催我速往。那么，恐怕是主任了。不过我仍只能结束了学期再走，拟即复信说明，但伏园大概已经替我说过。……
>
> （《两地书·九八》）

无论怎样，终究是要离开厦大了。

不过，他这一次去往广州，一来为了逃离无聊的烦闷，二来为了与心爱的小鬼同在。

> 想来二十日以前，总可以到广州了。你的工作的地方，那时当能设法，我想即同在一校也无妨，偏要同在一校，管他妈的。
>
> （《两地书·一〇四》）

好一句爆粗口的"管他妈的"，鲁迅确实为了爱不惜一切了。

> 我先前偶一想到爱，总立刻自己惭愧，怕不配，

因而也不敢爱某一个人，但看清了他们的言行思想的内幕，便使我自信我决不是必须自己贬抑到那么样的人了，我可以爱！……

（《两地书·一一二》）

这样的鲁迅，确实可爱。

1927年1月18日，到达广州之后，他才知中山大学同厦大各个方面一样糟糕。

广州比起北京，不见得有什么新异。

但他庆幸，在这里有红颜许广平，生活的烦闷不至如厦大那样糟糕。然而，因为自己的名气太大了，引来许多慕名拜访的青年。他知道自己不是政治家更不是革命家，只是一度以文学家的视角审视政治与革命而已。

三场演讲

纷繁的人事旋涡里，他的时光便只剩题字、写序、演讲、谈话、接受采访……

2月18日，鲁迅应邀到香港青年会做演讲，许广平随行担任粤语翻译。第一场，他的讲题是《无声的中国》。19日，因为孙伏园没能赶来，故又讲了一回，题为《老调子已经唱完》。

两次演讲，都指向了传统文化的劣根性一面。

在他看来，这样的文化于国于民都是有害的，因此应当舍掉。

卢卡努斯说："在暴君统治下，自由言论被毁灭，人们只有保持沉默，才能得到象征性的自由。"同样，鲁迅所说的"无声的中国"，指的也是在专制统治下，自由言论被压制，人们只能保持沉默。

没有现在的声音，只有传统的回声；没有个体的声音，只有集体的沉默。铁屋子里的中国，早已听不到任何刺耳的声音。无声的中国，在权力者强势的话语之下，国民只能成为哑巴。即使多么伟大的时代，也会充斥着浮夸与谎言。

> 我们要说现代的，自己的话；用活着的白话，将自己的思想、感情直白地说出来。
>
> （《三闲集·无声的中国》）

青年们，大胆地说话，勇敢地行动吧！
忘掉一切利害，推开古人，将自己的真心话发表出来吧！

> 老调子将中国唱完，完了好几次，而它却仍然可以唱下去。
>
> （《集外集拾遗·老调子已经唱完》）

这样的"老调子"，就是一把杀人的软刀子。

其实，这些"老调子"的核心，便是侍奉主子的文化，是用很多人的痛苦换来的奴才文化。侍奉主子的传统，根植于世代相传的基因，并非一朝一夕所能剔清的文化毒瘤。要彻底剔清侍奉主子的文化毒瘤，就必须彻底抛却老调子中的腐朽成分。有些人之所以死抱"老调子"不放，究其本质还是承袭侍奉主子的文化。简而言之，就是死守奴隶主的位置不放。

这两次演讲，在复古气息浓厚的香港，自然就被视为"异端邪说"，言论更被禁止刊登在任何报刊上。

3月1日，在中山大学开学典礼上，鲁迅做了《读书与革命》的十分钟讲演。

一代人有一代人的使命，他要求中大学生一面读书，一面革命，强调将个人与社会的命运结合在一起的使命感。

在中大的新学期，他的工作更加忙碌起来。

这个学期，他讲授的课程是：文艺论、中国文学史、中国小说史。多了一个文学系主任兼教务主任的头衔，要处理很多学校事务。到点开会、排时间表、发通知书、安排课程、开课补考、分配试卷、指导考试……就这样，他的写作时间，被挤压得所剩无几。

> 客散以后，鲁迅才开始写作，有时至于彻夜通宵，我已经起床了，见他还在灯下伏案挥毫，《铸剑》等篇便是这样写成的。
>
> （《亡友鲁迅印象记·广州同住》）

让鲁迅感到高兴的是，老友许寿裳的到来，给他忙碌的生活中多添了一抹阳光。

3月，许寿裳经他介绍担任了中大历史系教授。

他们一起搬进了白云楼二十六号。

有了密友和红颜的相伴，他总算少了许多烦闷情绪。

只恨文学最无用

文学总是一种余裕的产物，可以表示一民族的文化，倒是真的。

——《而已集·革命时代的文学》

悲情英雄·复仇小说

如果说五四运动前后，鲁迅文章的字里行间开始弥漫着失望与彷徨，那么20世纪20年代末，他的字里行间已经布满了虚无与无奈。

到了广州这一革命的策源地，政治像一道铁幕将他笼罩其中，文学也显得苍白无力。

历史地看待孙中山的一生，那是无愧于国家民族的顶天立地。

鲁迅对孙中山的敬佩，与其说是革命上的认同，不如说是人格上的折服。孙中山终其一生，是一个执着、坚韧的悲情英雄。这个少有的悲情英雄，骨子里却有着异常坚韧的革命精神。孙中山那一句"革命尚未成功，同志仍须努力"，不正是他一直提倡的韧性的战斗吗？

如同曾国藩所说的"屡败屡战"，革命确实不能缺少这样的韧性坚持。韧性的战斗，利用有限的生命，最大限度地向虚无黑暗做最有力的反抗。

这就是理性的反抗，是理想的坚守。

孙中山的革命，确实是韧性的革命；黄花岗七十二烈士的革命，同样也是韧性的革命。

1927年3月24日，鲁迅便写了来到中大后的第一篇文章《黄花节的杂感》。虽然黄花岗起义失败了，但最终革命还是成功了，这些失败的烈士，也是革命的先驱。在他看来，纪念革命烈士最好的方式，就是加紧做好自己的本分工作。

> 所谓"革命成功"，是指暂时的事而言；其实是"革命尚未成功"的。革命无止境，倘使世上真有什么"止于至善"，这人间世便同时变了凝固的东西了。
>
> （《而已集·黄花节的杂感》）

于他而言，革命确实是一个永远不会停歇的历史使命。

青年们期盼着他早日走出来，继续呐喊，喊破广州的沉寂。

但他以文学的眼光看革命，则认为一般意义上的文学对革命没有多少影响，有影响的是怒吼的文学、复仇的文学。关于复仇，去年10月，他就写过一篇历史小说《铸剑》。这一篇快意恩仇的武侠小说，字里行间渗透了鲁迅深邃而独特的"复仇"哲学。不得不说，他的"复仇"哲学，是一种对人性的复仇，是将批判的矛头，直指国民劣根性。

小说中的眉间尺原是一个优柔寡断的少年，只因肩负着为父复仇的使命，他一生的命运注定是悲壮的。

然而，神秘的黑衣人宴之敖的出现，最终彻底改变了眉间尺的人生命运。宴之敖正是复仇意志的化身。

其实，眉间尺与宴之敖，是复仇者成熟前后的两个阶段。他们为了复仇，不惜付出了生命的代价，同时诠释了"复仇者联盟"的最终结局。鲁迅笔下的复仇者，注定要与国王同归于尽，这也是弱者反抗强暴注定走向的结局。

这么一篇悲壮的复仇小说，在冷峻的复仇意识之外，洋溢着炽烈的战斗热情。

小说中呈现了两种复仇模式：其一，外在道德的替父复仇。国王杀了眉间尺的父亲，眉间尺在宴之敖的帮助下咬死国王替父复仇。其二，内在人性的自省复仇。小说结尾的同归于尽，正是人性一分为三最终合一的象征呈现。

而宴之敖的存在，正是鲁迅想表达的：再黑暗的时代也存在反抗强暴的不屈力量。

回顾鲁迅的一生，不难发现他与他笔下的复仇者极为相似，同样背负着悲壮的时代命运，一步步完成艰难抗争的历史使命。他也确实用过"宴之敖"的笔名，以手中的笔，创作一个个复仇的故事。

其实"宴之敖"，正是"我是被家里的日本女人逐出"的意思。看来，兄弟失和一事，对他的影响一直没有消散。

文学无用论

鲁迅终究不是政治家，更不是革命家。

4月8日，他在黄埔军校演讲，再次以革命的眼光看文学，提出了惊世骇俗的"文学无用论"。

文学遭遇了革命，也只能是最不中用的存在。

有权力的人，才不会稀罕文学的伎俩，反而以屠杀回应一切，文学只能显得苍白无力。

革命中需要的，只是主导革命的人，而不是影响革命的文学；

革命中需要的，只是主导革命的枪炮，而不是毫无革命实效的笔杆。其实，文学于革命，只是前与后的浅显影响。

革命前的文学，无非是怒吼和复仇的文学；革命后的文学，无非是挽歌和讴歌的文学。

> 文学总是一种余裕的产物，可以表示一民族的文化，倒是真的。
>
> （《而已集·革命时代的文学》）

可是，谁说文学没有力量？那是一种看似无用的有用力量。

文学，自古以来就可以打破一切的界限，打破国家、阶层、人心之间的界限。它的有用力量，确实不及枪炮来得迅速猛烈，但它旨在内心的疗愈，却是任何枪炮所无法企及的。

简而言之，文学的有用，就是一种大而无用的有用，就是超越低层次的异次元有用。

一言以蔽之，革命并非简单的复仇和屠杀。革命，小而言之，是一般的渐进式改革；大而言之，就是新生势力不可遏止的反抗。革命，并非只有流血的暴力冲突，还有针对传统习俗的变革；并非只有表面的暴力冲突，还有自觉的思想文化的变革。

中国革命，总是逃脱不了失败的怪圈。

二十年来，革命依旧是那样。北伐战争虽然取得了节节胜利，但他还是预感到革命中潜隐的危机。

这危机，不久就被国共合作之破裂印证了。

他也知道，革命果实迟早会被某些政治野心家所窃取。历史总是似曾相识，或许革命失败的轮回，早已成了时代的梦魇。廖仲恺的遇刺，让他不得不想起了宋教仁的遇刺。某些隐藏于革命阵营的投机者，不就是袁世凯的翻版吗？

4月10日，他写下一篇《庆祝沪宁克复的那一边》，题目看似庆祝革命，内容却是预言革命潜在的不可避免的危机。

"最后的胜利，不在高兴的人们的多少，而在永远进击的人们的多少。"他的文章一针见血地刺中了革命的要害。

革命的策源地，也可能成为反革命的策源地；最先发动革命的广州，也有可能成为第一个背叛革命的地方。

这，或许就是革命的怪圈吧！

又一次暗黑时刻

　　一个人做到只剩了回忆的时候，生涯大概总要算是无聊了罢，但有时竟会连回忆也没有。

　　　　　　　　　　　　　　——《朝花夕拾·小引》

"四一二"政变

　　1927年4月12日，上海爆发了"四一二"政变，屠杀的恐怖气息迅速蔓延整个神州大地。

　　蒋介石痛下杀手，展开最大规模的屠杀，但凡被认为是共产党员的，皆下令逮捕、枪毙、绞死、杀头……"清党"行动，让中华大地充满血腥之气。

　　此时，中大校园里也弥漫着恐怖气息，他们竟然在学校肆意地搜查、抓人。血雨腥风中，"革命"俨然也成了另一种"吃人"。

　　4月15日，鲁迅再也无法沉默，号召中大教师召开紧急会议，出面营救学生。

无数鲜活的生命倒在血泊中，谁不会为之痛心呢？

作为教师连学生都保护不了，心底怎能不生出深深的自责呢？

然而，在压抑、苦闷、不安的氛围中，紧急会议在沉默中匆匆地结束了……

面对如此血腥的屠杀，鲁迅确实感到一种无力感。这种无力感，让他再次感到作为文学家的无用。怀着一种难以言说的失落，他选择辞职作为反抗的方式。

4月21日，鲁迅回到白云楼，辞去了教职。

悲愤至极的他，暂且整理自己的旧稿，消解内心的焦灼。

4月26日深夜，他写下了一篇《题辞》，这是决心韧战的心灵独白，也是矢志战斗的悲壮诗篇。

> 当我沉默着的时候，我觉得充实；我将开口，同时感到空虚。
>
> （《野草·题辞》）

屠刀之下，他难以开口，只能沉默。

> 生命的泥委弃在地面上，不生乔木，只生野草，这是我的罪过。
>
> （《野草·题辞》）

显而易见，鲁迅这时有着自剖自责的心态。在他的心底，始终惦念着那些可爱的青年。

> 去罢，野草，连着我的题辞！
>
> （《野草·题辞》）

最后这一句决绝之辞，不仅告别了《野草》的苦闷，更是埋葬了一部分"过去的生命"。如果说波德莱尔的《恶之花》，给整个法国带来了新的"颤栗"，那么他的《野草》，也给整个中国带来了新的"颤栗"！

这一场血腥事件，彻底将他的心刺痛，却不曾将他打败。他整理完几部旧稿后，内心更坚定，意志更坚韧。

幸而有小鬼相伴

在这么不堪的日子里，多亏还有她相伴。

当时，好友许寿裳因无法忍受这样的野蛮屠杀，愤然离开了广州。如此一来，他住的白云楼二楼就变得空荡荡了。

所幸，小鬼的到来，让白云楼有了生机。

彼时，他俩心连在一起恰如一个人，就如他在《伤逝》中所说："爱情必须时时更新，生长，创造。"

白云楼里的二人，跨越世俗的羁绊，第一次实现了灵与肉的亲密结合。在这个不宽容的世界里，两个孤独的生命个体，相濡以沫，彼此慰藉。

他知道，她曾经为了逃离封建婚姻，孤身一人北上求学；她知道，他曾经为了反抗无爱婚姻，不得不压抑自己的情欲。

如此的懂得，让他们二人更爱彼此。

许广平的一部独幕剧《魔祟》，委婉地透露了他俩的第一次结合。

"死一般静寂来到，没有别的话语，直至良久。但B时时闭着眼，用手抚摩G的脸，继又吻他，总是手，吻，继续的在G的身子上。"

初夏的一个暗夜里，如B和G一样，他们第一次亲吻了彼此，并有了更亲密的接触。一个深情的亲吻，公开了他们深厚而不张扬的情愫，仿佛整个宇宙都只是他们的嘴唇。

这是热恋的开始，是一种完美的契合，也是相互亲热的开始，是一种亲密的接触。不要小瞧这一次亲密的接触，正是他们越过了种种世俗障碍，将他们的恋爱关系进行到底。

然而，许广平却有意在B和G之间安插了一个窥探私隐的睡魔。

这个睡魔看似可有可无的虚拟人物，却象征着阻碍他们结合的客观存在。正是因为这一象征舆论的睡魔存在，许广平也就不得不以鲁迅助手的身份存在。

作为助手，许广平不仅帮他誊写稿子，兼做翻译，还要替他布置卧室、烹煮三餐。所有的工作，已经远远超出助手的范围，俨然就是一个准妻子的角色。

广州的两次演讲

7月16日，鲁迅在广州知用中学讲了《读书杂谈》。

他借分享读书经验，回应了国民党当局的白色恐怖。针对党化教育，他说，"用自己的眼睛去读世间这一部活书"。针对尊孔读经，他说，"必须和实社会接触，使所读的书活起来"。

9月，他又在广州市教育局主办的夏期学术演讲会上，讲了《魏晋风度及文章与药及酒之关系》。

在这场精彩绝伦的学术演讲中，鲁迅以药和酒的独特视角，论述了魏晋文章与作者经历之间的关系。在血腥大屠杀的背景下，他只能假借孔融、何晏、夏侯玄、嵇康等名士的被杀，表达自己对国民党当局疯狂屠杀共产党人的愤怒。

他用魏晋风度回应这个时代的苦闷；借阮籍与嵇康，表达他对志士的支持。"非汤武而薄周孔"，是他欣赏的反抗话语。

这些表面上破坏礼教的名士，实则是太相信礼教的真名士。那些惨死在屠刀之下的"反革命"，又何尝不是真正的革命者呢？

在鲁迅看来，"既然在他的势力之下，没有别法，真的总理的信徒，倒会不谈三民主义，或者听人假惺惺的谈起来就皱眉，好像反对三民主义的模样"。

然而，造化弄人，历史就是这样残酷地相似。

不甘心，还是不甘心。

9月24日，他还是捡起无用的笔，写下了一篇《小杂感》。

这些小杂感，不避锋芒地批判，一点也不减当年《热风》的战斗热情。

这些格言式的小杂感，精妙之处在于一针见血地直指事实本质。

景云深处是吾家

人不能不吃饭，因此即不能不做事……

——《鲁迅书简·致李秉中》

上海·景云里

1927年9月下旬，鲁迅还是决意离开广州。

被造谣"亲共"，让他的处境极为尴尬。他保持沉默，整天忙碌于整理旧文和译稿之中，但这毕竟不是长远之计。

还好，身边始终有小鬼许广平同在。

"与子偕老"，成了彼时他最美好的念想。

10月3日，他偕小鬼许广平一起来到陌生而别样的上海滩。此时，这里会集了军阀、官僚政客、买办、帮派、特务、流氓，各色人等，也聚集了很多的作家、教授、名士。

之所以选择上海滩，于鲁迅而言是因为上海滩有不一样的租界。租界的存在，说来确实是国家的一种耻辱，但于那时的人而言，真遇到什么事情，却是躲藏的最佳去处。

　　此外，有着"远东巴黎"美誉的上海滩的繁华，也与这些租界有一定关系。

　　10月4日，在上海工作的孙伏园兄弟、三弟周建人、林语堂等人为故交鲁迅设宴欢迎。鲁迅便偕小鬼许广平赴宴。他是有意要向兄弟好友透露许广平的伴侣身份。

　　10月6日，郁达夫夫妇探访之时，他还特意介绍了"密司许"，这正是他第一次向好友公开自己的恋情。

　　初到上海，鲁迅必须安置好与许广平的住处。

　　10月8日，多亏了三弟周建人的帮助，他们在闸北区横浜路的景云里弄堂租到了住处。

　　这是一幢独栋的三层小洋房。

　　本来这个地方不算租界的势力范围，后来因为列强强行跨界修路，便将闸北区横浜路变成了名副其实的"半租界"地界了。

　　到这时，鲁迅才知道三弟建人已经与一个叫王蕴如的女子同居一年了。他知道，三弟和自己一样，拥有的婚姻也是无爱婚姻，只是没想到，三弟也和自己一样跟学生产生了爱情。

　　不知道他们二兄弟是否有着冥冥之中的默契。

　　不管这些了，看着三弟和王蕴如大胆相爱，他也不想再自欺欺人了，他也要昭告他和小鬼如此相爱了。经历过太多生死考验，亦经历过太多无爱的痛楚，他决计再不理会外人的说三道四了。

　　这一次，他要为自己活一次，要为心爱的小鬼勇敢一次。

　　于是，他们光明正大地在景云里同居了，以爱情的名义，而非礼教法律的。无论怎样，他们真正成了现实生活中一对普通的"夫妻"。于他、于小鬼而言，都是一种胜利。

　　是的，也是他们爱情的一种胜利。

　　在此期间，他还特意偕同许广平前往北新书局拜访了李小峰。

　　恋爱中的鲁迅，也是一个柔情似水的暖男。此际，他迫切需要得到朋友们的认可与祝福。

许小鬼一个婚姻

> 关于我和鲁迅先生的关系，我们以为两性生活，是除了当事人之外，没有任何方面可以束缚，……不必要有任何的俗套。我们不是一切的旧礼教都要打破吗？
>
> （许广平《〈鲁迅年谱〉的经过》）

在景云里，鲁迅住在二楼，许广平住在三楼。

于鲁迅心里，北平的朱安还是横在一处的，如鲠在喉，已经折磨了他近20年。尽管此时，他不断向好友们公开与小鬼的恋爱关系，但是昭告天下的彻底公开，他还是不敢操之过急。

不过，彼时他的名气那么大，又总是置身于舆论旋涡之中，因而难免会有一些无良小报制造一些花边绯闻。比如，"鲁迅先生讨姨太太"；比如，"鲁迅先生弃北京正妻与女学生发生关系，实为思想落伍者"之类。面对这些恶意，他只是一笑置之。

外人所言如何，他一点都不在乎，对他来说最重要的是小鬼许广平的感受。他心里明白，爱到深处，便是"执子之手，与子偕老"的长相厮守。他这一生一世，都只会对小鬼许广平许这样的诺言，他再也不愿许广平置身于流言蜚语之中。

只是，有朱安在，他始终没办法给小鬼一个名分，这让他有了深深的自责和愧疚。

"景云深处是吾家"，于许广平而言，这是一段痛并快乐着的时光。她心里明白他的尴尬和苦衷。不过，她更笃定自己的心意，会一直在他身后默默支持他。两个人相爱，只要能够朝夕相处便好，所以她写道：

> ……周先生对家庭早已十多年徒具形式……我亦飘零余生，向视生命如草芥，所以对兹事亦非要世俗名义，两心相印，两相怜爱，即是薄命之我屡遭挫折

之后的私幸生活。……

（《许广平致常瑞麟》）

让小鬼难过，时日久了，他还是有些不安。

于是，他决定不仅要公开和小鬼的恋情，还要为小鬼举行一场婚礼。

经历过一场场血的屠杀，死都不怕，为何还要惧怕外人的流言呢？我们如此相爱，我又如此爱她。这么想着，他就抛开了一切，下定了决心，要和小鬼共赴婚姻了。

人们常说，婚姻是爱情的坟墓，殊不知，成为坟墓之前，却也是人人向往的幸福殿堂。

无论怎样，他们总算以婚姻的形式合法地在一起了。

他们结婚的消息，很快传到了北京。众人都感到一点诧异，只有朱安一如既往地平静。

在她看来，这一切都是自己早已想到的。其实，她把什么都看在了眼里，只是一直保持惯有的沉默。她知道强扭的瓜不甜，大先生迟早会这样做的。

她明白自己再怎么努力，都是一种无济于事。

当爱情遭遇了生活，第一个冲突却是许广平的工作问题。

作为新女性，她想到社会上做事，于是，应了友人之邀编辑一份关于妇女的报刊。

她不想成为第二个子君。这难道不正是他欣赏的新女性吗？

然而，他却不赞成她外出工作，他认为两人分开工作，就又回到从前孤独战斗的境地了。

他，执意为她制订了一个计划：留在家中，一面做家务，一面学习日语，日后可以独立地展开翻译工作。

为了爱，她屈服了。

她为了这个刚刚建起的"家"，回归了传统女性，做出了自我牺牲。她的文学才华，也就此埋没了。

归根结底，她因太过爱他，而心甘情愿做了体贴他的好妻子。

谋生做事·内山书店

> 人不能不吃饭，因此即不能不做事。……我看中国谋生，将日难一日也。所以只得混混。
>
> （《鲁迅文集全编·致李秉中》）

这时，让鲁迅最困惑也最棘手的事，是到底教书还是写作。

教书，可以有固定薪水，可是工作繁多会影响他创作。于他而言，教书已成为一个奢侈的念想。于是，他辞掉了劳动大学的教职。

12月18日，他欣然接受蔡元培推荐的"大学院特约撰述员"一职，每月可领到300银圆的薪水。不得不说，蔡元培是一个慧眼识英雄的真君子。虽有一次次的误解，他还能不计前嫌地帮助鲁迅；历经一次次的困境，他还能雪中送炭地帮扶鲁迅。

说到底，这真是一个不错的机会，他和小鬼的吃饭问题总算解决了，更可以专心投入自己的战斗中去了。

一次偶然，他到内山书店购书，因此结识了老板内山完造。

没想到，这样一次偶然的结识，成全了他们长达十年的深厚友情。

> 至于内山书店，三年以来，我确是常去坐，检书谈话，比和上海的有些所谓文人相对还安心，因为我确信他做生意，是要赚钱的，却不做侦探；他卖书，

是要赚钱的，却不卖人血……

（《伪自由书·后记》）

内山的笃实和真诚，让鲁迅格外敬佩。就这样，他与内山相处无话不谈，甚至私事也不加隐瞒。

鲁迅对日本人，有一种爱恨交加的矛盾心态。

他喜爱日本人做人做事的认真，却厌恶日本人行事极端的野蛮。不过，因长期与日本人往来建立了深厚友谊，不会带有偏见而一味喜爱或厌恶。

爱憎分明，始终是他的秉性。

第六章

论战

文学青年的围攻

> 他的大部分创作的时代是早已过去了，而且遥远了。
>
> ——钱杏邨《死去了的阿Q时代》

围攻鲁迅

鲁迅向来对创造社颇有好感，曾经一度想与之联合，共同对抗国民党的"文化围剿"。

创造社成员，也曾想联合鲁迅，进一步扩大左翼文艺在青年读者中的影响。

可是，革命文学的论争，却让这些文学青年将鲁迅视为革命文学的最大障碍。原本以为可以联手开启一场新的革命文学运动，谁知，他迎来的却是一场亲者痛仇者快的"革命文学"大论战。

这一次，他们高扬"革命文学"的旗帜，开始以一种傲慢的姿态围攻鲁迅等一批老作家。因为年轻，所以他们将狂妄当成了个性，以无知的口吻讨伐文坛前辈。

1927年12月，成仿吾等人筹办《文化批判》。随后蒋光慈等人则创办了《太阳月刊》。

《文化批判》创刊号，就发表了冯乃超的长文《艺术与社会生活》，二期又刊发了李初梨的长文《怎样地建设革命文学》。这两篇长文，都直指鲁迅等老作家是提倡革命文学的最大障碍。

冯乃超还标榜道，郭沫若是五四以来唯一一个"实有反抗精神"的作家，反之，鲁迅则是一个逃避现实的"隐遁主义"者。

不得不说，这完全是一种近乎诋毁的标签式评价。

李初梨的长文，照例还是标榜郭沫若和创造社，并把鲁迅、周作人、陈西滢等人的作品一概称为"趣味文学"。十分滑稽可笑的是，他对鲁迅的界定，更显得浅薄与无知。

为所谓"革命文学"的理论构建，此时的郭沫若一反往日的"天才论"，特意强调文艺的宣传作用，号召文艺青年当一个留声机器。于此，他评定徐志摩之流是"有意识的反革命派"，语丝派则是"不革命的文学家"，而"趣味文学"则是"资产阶级的护符"。

随后，太阳社也与鲁迅开展了有关"革命文学"的论争。

攻击鲁迅最为卖力的，当属钱杏邨的《死去了的阿Q时代》。

> 他的大部分创作的时代是早已过去了，而且遥远了。……他没有超越时代，不但不曾超越时代，而且没有抓住时代；不但没有抓住时代，而且不曾追随时代……
>
> （钱杏邨《死去了的阿Q时代》）

钱杏邨认为，超越时代是作家的唯一使命，鲁迅不但没有超越时代，还不曾追随时代。在他看来，鲁迅的思想还停滞在清末，作品能找到的只有过去，没有一点将来的影子；鲁迅的作品，只是怀疑现实、诅咒人生、满口苦闷，找不到任何的人生出路。这样的鲁迅的作品，没有希望，尤其《野草》只是无尽的虚无，人生色调更是灰暗。于青年而言，这样的作品，只会为青年掘出无数的坟墓。

他更声称，鲁迅始终是一个个人主义者，一切的行为是没有集体化的，没有革命的眼光，终不是这个时代的表现者。他笔下的阿Q，也早已过了时，因为无法体现革命时代农民的新特点，因此号召要把阿Q的形骸与精神一同埋葬。

无疑，创造社青年对鲁迅的批判，是一种"流氓性批判"。

令人惊愕的是，来自文学青年的批判谩骂，已经达到人身攻击的程度。铺天盖地的攻讦，竟然出自鲁迅一向欣赏的青年人的笔端。

真是"是可忍，孰不可忍"，鲁迅决意给予反击。

反击

1928年2月23日，鲁迅写下一篇论战檄文《"醉眼"中的朦胧》。

他用略带讽刺的口吻，回答了李初梨的"阶级之问"。

"我的阶级已由成仿吾判定：'他们所矜持的是'闲暇，闲暇，第三个闲暇'；他们是代表着有闲的资产阶级，或者睡在鼓里的小资产阶级。'"

明眼人都知道，鲁迅的文字很多都是正话反说。因而，他的阶级界定，真的是直指自己的吗？其实，这就是正话反说，恶心一下李初梨之流。

> 各种刊物，无论措辞怎样不同，都有一个共通之点，就是：有些朦胧。这朦胧的发祥地，由我看来，——虽然是冯乃超的所谓"醉眼陶然"——也还在那有人爱，也有人憎的官僚和军阀。
>
> （《三闲集·"醉眼"中的朦胧》）

真正的"朦胧"，是那些傲慢的"革命文学家"。

他们扯不断与旧军阀的瓜葛，碍于铁锤与镰刀，又不敢太露骨地恭维现在的主子。和旧军阀的瓜葛已断，本来可以走向大众，想要毫无顾忌地乱喊，又担心大家记起他们的指挥刀，总之得有点"朦胧"。

有些人，嘴上说人道主义不彻底，而自己面对杀人如麻的权力阶层时，连人道主义式的抗争也没有了，这算什么样的"革命者"呢？

有些人，嘴上说托尔斯泰是"卑污的说教人"，而自己面对黑暗的现状，连托翁"剥去政府的暴力，裁判行政的喜剧的假面"的勇气都没有，这算是什么样的"革命文学家"呢？

> 这艺术的武器，实在不过是不得已，是从无抵抗的幻影脱出，坠入纸战斗的新梦里去了。但革命的艺术家，也只能以此维持自己的勇气，他只能这样。倘他牺牲了他的艺术，去使理论成为事实，就要怕不成其为革命的艺术家。……
>
> （《"醉眼"中的朦胧》）

对鲁迅而言，无礼的谩骂倒是其次，无理的围攻却是一种不可忍。

所以，他必须亲自出马，惊醒这些痴迷幻想未来，只知谩骂的无名小辈；必须亲自论战，应战这些不敢正视现实，只知谩骂的无名小辈。

文学论争再升级

超时代其实就是逃避，倘自己没有正视现实的勇气，又要挂革命的招牌，便自觉地或不自觉地必然地要走入那一条路的。

——《三闲集·文艺与革命》

全面围攻

对那些文学青年而言，革命的失败就败在革命得不彻底，所以他们奋然展开一系列扩大革命的笔战。

对鲁迅而言，革命的失败就败在革命对象的不明确，所以他转而展开了一系列反思革命的演说。

只是，他有些蒙了，怎么一夜之间，昔日的盟友变成了今日的论敌？怎么一夕之间，这些他视为希望的新青年开始一窝蜂地围攻自己？

他不知道的是，在这帮新青年看来，他们转而联合并攻击鲁迅，是建立新的普罗文学的必要一步。很明显，他们是深受共产国际"左倾"主义的影响。不可否认，这是一次有组织、有计划、有规模地围剿鲁迅的行动。他们自以为掌握了马克思主义的精髓，便要用思想的武器来扫荡所有他们认为落伍的文坛前辈。

就这样，昔日的青年偶像鲁迅，成为这些青年推向祭坛的替罪羊。

1928年，这些文学青年运用一切可以利用的刊物，向鲁迅发起了围攻。然而，他们的文章不曾涉及任何反思革命的言语，全是让人生厌的无理谩骂。因为他们没有能力反驳鲁迅的观点，又要强行达到目的，所以不择手段地用卑劣的言语来攻击鲁迅本人。

李初梨，称鲁迅为"文坛的老骑士""战战兢兢的恐怖病者""最恶的煽动家"，又说他的文章是"对于社会认识的盲目""故意的歪曲事实""'王婆骂街'的乱骂"。

冯乃超，则声言鲁迅的全部创作是"人道主义者的裸体照相"。

而后，钱杏邨还写了一篇《死去了的鲁迅》，宣告黑暗的鲁迅已经走到了历史的尽头。文章最后，还警告鲁迅不能再徘徊，为了青年，也是为了自己的新生，再振作一次。

成仿吾也发表了《毕竟是"醉眼陶然"罢了》，挖苦鲁迅是中国的堂吉诃德，害了"神经错乱与夸大妄想诸症"。

如是种种，这些醉眼"朦胧"的人，怎能真的看透鲁迅呢！

简直是痴人说梦。

回击

4月16日，《语丝》第四卷十六期，鲁迅发表了写给冬芬的通信《文艺与革命》，在其中做了有力的回击：

> 现在所号称革命文学家者，是斗争和所谓超时代。超时代其实就是逃避，倘自己没有正视现实的勇

气，又要挂革命的招牌，便自觉地或不自觉地必然地
要走入那一条路的。

（《三闲集·文艺与革命》）

在他看来，革命文学家的致命问题，莫过于不敢正视现实生活
中的黑暗。逃避现实的他们，只是挂着革命招牌的一批空头文学家
而已。

他知道，谁是谁非，自有后人评说。

因为论战，他纠正了以前的"文学无用论"，指出了文学的宣
传作用。除此之外，他还格外强调文艺理论的实践意义，指出当前
的文学作品粗劣至极。

4月，《语丝》第四卷十七及十八期，他又发表了数篇短文予
以回击。

文章处处暴露了社会的黑暗，与逃避黑暗的革命文学家们形成
了鲜明的对比。

《太平歌诀》，指出了自私、麻木的国民心态，是革命成功的
障碍。

《铲共大观》，揭露了权力者的滥杀无辜，他们所谓"革命"
不过是个幌子。

《通信》，批判了革命文学家的"超时代"认知，是革命者盲
目的乐观。

其实，鲁迅同这些革命文学家并无根本的分歧，但在论战中为
了消解他们那种盲目乐观，只得矫枉过正。在他看来，革命无法替
代文学，所以，他依旧坚守着"文学依然神圣"的独立信念。

这些所谓革命文学家，也只是半吊子马克思主义者，只不过是
拿着马克思主义当最得意的批判武器而已。到头来，被误导的还是
青年一代，被葬送的还是革命。

论战升级

5月7日，鲁迅写下一篇《我的态度气量和年纪》。

文章针对弱水的谤文，指出了其中的矛盾与荒谬。

弱水，避开内容和立场的是非对错，单从"态度、量气、口吻"方面指责鲁迅，断定这"老头子的确不行"，真是对鲁迅的无理谩骂。

创造社，既反对资产阶级，又讳言黑暗、厌恶人道主义，请问他们到底属于哪一个派系？

他的文章直截了当地指明，创造社的革命理论并非什么先进的理论，也无法代表中国革命文学的发展方向。

至此，这些所谓革命文学家被痛骂到了愤怒的边缘，只能发起最后的猛烈进攻。于是，创造社与太阳社接连刊发了数篇批判鲁迅的系列文章。

5月20日，钱杏邨发表了一篇《"朦胧"以后——三论鲁迅》，他从个性、创作到理论对鲁迅进行了全面的批判，最后宣布自己对鲁迅已经彻底绝望。在他看来，鲁迅笔下没有光明，只有呐喊、彷徨；鲁迅的出路，只有坟墓；鲁迅的眼光，仅及于黑暗。

然而，最令人不解的，莫过于化名为"杜荃"的郭沫若。

8月10日，他以"杜荃"之名发表了一篇《文艺战线上的封建余孽——批评鲁迅的〈我的态度气量和年纪〉》。文章从籍贯、家族、年龄、身体四个方面罗织了鲁迅文章的片段，表明鲁迅是一个连资产阶级意识形态也不曾把握的封建遗老。最后，对鲁迅的思想进行了相当毒舌的批判。他批判鲁迅的思想、爱好、审美情趣，无不与封建时代有着千丝万缕的关系。

这样的上纲上线，真的被郭沫若玩出了高境界。

他在文章末尾，还这样给鲁迅定性：

"他是资本主义以前的一个封建余孽。

"资本主义对于社会主义是反革命，封建余孽对于社会主义是二重的反革命。

　　"鲁迅是二重性的反革命的人物。

　　"以前说鲁迅是新旧过渡期的游移分子，说他是人道主义者，这是完全错了。

　　"他是一位不得志的Fascist（法西斯蒂）！"

　　对郭沫若的文章，鲁迅觉得有种莫名的无聊感，论战竟然到了人身攻击的地步。这一场围剿鲁迅的论争，总共持续了一年多，有关论战的文章多达百余篇。

　　作为思想者的鲁迅，善于思考与总结，这让他有别于一般的作家。他的睿智，体现在只言片语也可一句顶一万句。

　　在论争中，他发挥自己的创造性思维，总结了两条革命理论。

　　其一，革命的完结，往往缘于"内里蛀空"的危机。

　　这样的箴言，不仅总结了千古不变的真理，更有力地回击了所谓的革命文学家。一句谶语式的论断，揭露了大革命失败的根本原因，也预测到未来革命的种种不幸。

　　其二，革命是并非教人死而是教人活的。

　　一句朴实无华的论断，充分蕴含了革命的出发点与真正目的。革命应该是一种人道主义的关怀，给更多的人一条活的出路。

最后的两地传书

我寄你的信，总要送往邮局，不喜欢放在街边的绿色邮筒中，我总疑心那里会慢一点。

——《两地书·一二〇》

北上省亲

1928年12月，鲁迅又一次接到了"老太太的命令"。

1929年5月13日，他只身一人北上返京省亲。此行于他而言意义非凡：一来，可以看望阔别多年的朋友；二来，可以向家人告知与许广平的恋情。最重要的，还是告知小鬼怀孕的事，并且希望得到母亲的接纳与谅解。

前日到家，母亲即问我害马为什么不一同回来……昨天才告诉她火车震动，不宜于孩子的事，她很高兴，说，我想也应该有了，因为这屋子里早应该有小孩子走来走去了。

（《两地书·一一七》）

最令他想不到的是，母亲一听小鬼怀孕的事就高兴得合不拢嘴了，嘴里念叨着，早就盼着抱孙子的一天。只要有了孙子，儿子就算犯再大的错，作为母亲的她也都只是一个原谅。

多年未解的心结，或许就靠这一种隔代之爱的魔力破解吧。

这，就是天下母亲的心吧！

不过，母亲确实苍老了，关心的话题也比先前少多了，谈的都是邻近的一些琐事。

对这样的好消息，只有朱安一个人高兴不起来。

她听人说，"害马姑娘"已经有了孩子，那么自己这个蜗牛也只能彻底死心了。

真是造化弄人。

不过，朱安毕竟是一个善良的女人，她只得认命，强颜欢笑，在心底把这个孩子当作自己的儿子。哪怕是自己的一厢情愿。

在她心里，自己是明媒正娶的大老婆，许广平的孩子，自然就是自己的孩子。怎么着，这个即将出世的孩子，都应该叫自己一声"大妈"。

这就是朱安作为一个传统女性的想法。

一直以来，她还为自己没有给大先生生下一儿半女感到自责。到了现在，总算如释重负了。谢天谢地，自己不会因为没有子嗣，而成为周家的罪人了。

在她看来，大先生总算有了孩子，自己也算有了孩子，总算有人为她养老送终了。

小白象·小刺猬

鲁迅离开上海的当天，许广平就在信中称呼鲁迅为"小白象"，末尾则署名"小刺猬"。

林语堂曾写过一篇文章，盛赞鲁迅是中国难得的"白象"，因而许广平就给他起了一个"小白象"的爱称。至于"小刺猬"的爱称，则是鲁迅曾经为她画过一个带刺的小家伙的漫画。

鲁迅到达北平的当晚，就立即给许广平回信，称呼她为"乖姑"，信末没有署名，但画了一只可爱的白象。

对于鲁迅和许广平，分别的日子却是小别离胜似新婚的温馨。一封封情书，跨越北平与上海，字里行间全都是暖暖的深情。

> 我寄你的信，总要送往邮局，不喜欢放在街边的绿色邮筒中，我总疑心那里会慢一点。
>
> （《两地书·一二〇》）

> 云南腿已将吃完，很好，肉多，油也足，可惜这里的做法千篇一律，总是蒸。
>
> （《两地书·一二一》）

> 现在已两点钟，遥想你在"南边"或也已醒来，但我想，因为她明白，一定也即睡着的。
>
> （《两地书·一二六》）

> 我昨夜睡得很好，今日也醒得并不早，以后或者会照此下去也不可知。今天仍在做生活，是织小毛绒背心，快成功了。
>
> （《两地书·一二七》）

情若花，如此美好地绽放在他们之间。

在这些信里，许广平也没有别的什么牵挂，只是格外关心丈夫的身体健康。

北平讲演·版税官司

在北平逗留了19天，这期间，鲁迅在燕大、北大和两所师范学院做了四次演讲。

5月22日，在燕大国文学会，他讲了《现今的新文学的概观》。

> 各种文学，都是应环境而产生的，推崇文艺的人，虽喜欢说文艺足以煽起风波来，但在事实上，却是政治先行，文艺后变。
>
> （《三闲集·现今的新文学的概观》）

6月2日，在第二师范学院，他讲了关于妇女解放的一些社会问题。

这一系列的演讲，他不时地联系自己的笔战经验，照例从成仿吾一直讲到徐志摩。"同级斗争"，一个长期被掩盖的事实被他指出，目的只是为了消除这种不必要的窝里斗。

其实，任何一个圈子都有"同级斗争"。

在他看来，"同级斗争"是比阶级斗争更为激烈的普遍存在。这基于实践经验的天才总结，背后隐藏的却是一种对人性的无可奈何。

6月5日，他回到上海，生活中又平添了一件烦心事，关乎版税的纠纷问题。

事情的起因，还要从《奔流》的稿费问题谈起。

原来，北新书局长期拖欠作者稿酬，写信催费也是置之不理。有时，作者就给编辑鲁迅写信，大发牢骚，让他也备感尴尬。实在难以忍受，他就给老板李小峰写信，倘若再拖欠作者稿酬，自己就停止编辑工作。

这一趟北平之旅，鲁迅才知道自己的版税也被拖欠很久了。

原本说好了，他的版税，北新要每月送款200元，可实际却拖得有点过分了。

他又听说，北新书局将拖欠的款项，全部挪用投资开办纱厂了。

是可忍，孰不可忍。

这一次，他亲自出面，确实想讨一个说法，不然就只能法庭相见。最终，还是在老友的调解下，北新老板李小峰亲自赔礼，当年分期四个月偿还了所拖欠的版税8000多元，次年起继续还其余欠款。

他确实不想与李小峰彻底闹翻，毕竟没有北新书局的运营，也就没有现在的畅销书作家鲁迅。

不过，在李小峰看来，鲁迅手里的那支笔，哪里是什么投枪或匕首，分明就是永不凋谢的摇钱树。他心里明白，万万不能跟财神爷翻了脸。对鲁迅而言，解决的结果还算满意。

然而，也正是因为此事，林语堂与他在南云楼宴会发生了争执，尔后渐渐终止了多年的友情。多年的友谊小船，就在一次次误解下，说翻就翻了。

爱子的超级奶爸

无情未必真豪杰，怜子如何不丈夫。

——《答客诮》

海婴降生

我是意外降临于人世的，原因是母亲和父亲避孕失败。

（周海婴《鲁迅与我七十年》）

9月25日夜，许广平开始腹痛，心里明白小生命即将来到人间。

26日下午，许广平临产，住进了上海福民医院。

26日夜，是许广平终生难忘的一夜，她经历了女人生产的痛苦折磨。

一场有惊无险的难产，着实让鲁迅吓破了胆。当医生问他保大人还是保小孩时，他毫不犹豫地选择保大人。毕竟，两人能够走到一起，小鬼付出了太多的牺牲。

万幸，手术很成功，小鬼转危为安，大人和孩子都活了下来。

27日早8点，注定是一个不平凡的日子，鲁迅和许广平迎来了他们生命中最珍贵的一个小生命。

孩子生了下来，鲁迅感到了人生难得的幸福。现在，他可以拥有难得的天伦之乐；此时，他可以享受神圣的婚恋之福。想到这些，他打心底感激许广平。要是没有她，他可能还在那个无爱的婚姻中煎熬着；要是没有她，他可能这一生也不知这些自然的快乐。

从景云里寓所到福民医院，鲁迅每天至少要跑两三趟。

有了这个可人的小生命，他是欢愉无比的，所以，每当朋友前来探望，他就将孩子抱起来，像展示自己的伟大作品一样。有时，孩子睡着了，他也爱不释手地抱着，每每都把孩子吵醒，放声大哭一番。他心里却喜滋滋的。他真是左看也爱，右看也爱。

10月1日，鲁迅给孩子取名叫"周海婴"，意为在上海出生的婴儿。

小海婴，就像是鲁迅和许广平合著的最完美的一部作品。迎来了小海婴，他们的身份也就多了一个——小海婴的父母。

后来，他们给孩子又取了一个"小红象"的小名。这个小名的由来，是因为在私下他经常被许广平叫作"小白象"。

就这样，小海婴成了他们这个小家的中心，成了他们的未来和希望。

在传统家庭观念中，父母将来能否安度晚年，孩子将起到不容忽视的作用。对这些传统的"养儿防老"理念，鲁迅是嗤之以鼻的。

他只要他的小海婴健健康康长大就好了。

超级奶爸

10月10日，许广平出院了。

二人世界一下成了三口之家，鲁迅的生活也发生了改变。他把自己一生中最细腻的爱，毫无保留地都给了海婴。他像所有新晋父母一样，细心地照看小海婴，给他喂食，替他洗澡，擦拭他沾在小屁股上的屎尿……这些琐碎的、乏味的事，他却做得不亦乐乎。

就单说给海婴喂奶，也是忙坏了他。

医生建议他们雇一个奶妈，但鲁迅不同意，执意要自己照料海婴。

他们这一对父母没有什么育儿经验，只能依靠《育儿法大全》之类的书籍。这本书讲每隔三小时给孩子喂奶一次，那本书又说每次喂奶只能一只，留一只第二次再喂。

他作为父亲，一切所为都是心甘情愿的。

小海婴的一颦一笑，在他眼里是那么可爱。或许，照料小生命本身就是一种不可言说的神圣体验。而这样的神圣体验，或许就是灵魂深处最澄明的天赐。

最为质朴的天伦之乐，让我们回归生命的本初。其间有多少单纯的满足，有多少丰富的乐趣，或许只有为人父母后，才能真正体验。

> 他并不用"恩"，却给予生物以一种天性，我们称他为"爱"。动物界中除了生子数目太多——爱不周到的如鱼类之外，总是挚爱他的幼子，不但绝无利益心情，甚或至于牺牲了自己，让他的将来的生命，去上那发展的长途。
>
> （《坟·我们现在怎样做父亲》）

以前，鲁迅只在学理层次探讨怎样做父亲，比如他在《我们现在怎样做父亲》中所探讨的这些；现在，有了自己的孩子，他是真正体验到怎样做父亲了。

怜爱孩子是作为父亲的本能，所以，他为小海婴撑起了一片爱的天空。小海婴，于他而言是希望、希望、希望之所在。

他不在乎别人说他溺爱小海婴，更不在乎别人说他为爱所累。他完全沉浸在初为人父的幸福之中。

原来，大文豪鲁迅也是一个超级奶爸。

他们和女工轮流值班照看海婴。夜里12点前，由女工照看；12点至2点，再由他替下女工；2点以后，才由许广平值班。

海婴醒时，鲁迅抱着他，坐在床前，摆弄烟盒发出哗哗的响声，逗着他发笑。

海婴困了，鲁迅抱着他，横放在臂弯间，慢慢哼起了自编的摇篮曲。

> 小红，小象，小红象；
> 小象，红红，小象红；
> 小象，小红，小红象。

他为了给小海婴最好的留念，几乎将自己打造成史上最酷拍照达人。每隔一段时间，就给小海婴拍照留念。每一张小海婴的照片，他都认真标注时间。在他50岁生日的那一天，小海婴差两天满一周岁。就这样，他们父子俩又来了一张合照，他还题上了"海婴与鲁迅，一岁与五十。"

可惜当时没有微信，倘若那时也有什么朋友圈，估计他整天也是没完没了地刷屏晒娃了。比如，晒上九张小海婴的宝宝照，再配上一首《答客诮》：

> 无情未必真豪杰，怜子如何不丈夫。
> 知否兴风狂啸者，回眸时看小於菟。

年过半百，得如此可爱孩童，他怎会不溺爱呢?!

老年得子，得如此可爱小宝贝，他怎会不怜爱呢?!

任谁与他遭遇、经历、情状一样的话，都会如此吧！他非圣贤，亦只是凡尘夫子一枚。

他也拥有这天下最平凡的七情六欲。

小海婴的成长

看来，鲁迅确实是一个很细致的父亲，他很愿意用自己的笔记录小海婴的一言一行。

> 要吃东西，要买玩具，闹个不休。客来他要陪（其实是来吃东西的），小事也要管，怎么还会胖呢。他只怕男一个人，不过在楼下闹，也仍使男不能安心看书，真是没有法子想。
>
> （《鲁迅书简·致母亲》）

小海婴在鲁迅笔下，成了喜欢闹、爱管闲事的熊孩子。

> ……还发牢骚，说没有弟弟，太寂寞了，是个颇伟大的不平家。
>
> （《鲁迅书简·致山本初枝》）

小家伙感到了孤单寂寞，抱怨起了父母，没多生几个兄弟姐妹。或许，这正是大多独生子女小时候都发过的小牢骚吧。

> 惟每晚必须听故事，讲狗熊如何生活，萝卜如何长大等等，颇为费去不少工夫耳。
>
> （《鲁迅书简·致母亲》）

正像所有的小孩一样，小海婴每晚睡前总喜欢听一个有趣的故事入梦。他喜欢听爸爸讲的"十万个为什么"，说未来要做一名科学家。

有时，小海婴确实有点调皮，自然挨了鲁迅不少次打。

小海婴过于调皮并有点无理取闹时，鲁迅就拿起几张报纸，卷成一个圆筒，神态严肃地朝儿子身上打去。

小海婴也赶紧向父亲道歉："爸爸，下次再也不敢了。"

对孩子的爱，是付出心血的深爱。鲁迅和许广平，将毫不期待回报的爱倾注在了小海婴的身上。

大陆新村九号，一个温馨的小家，这里有他深爱的女人和他深爱的孩子。从此，他不再形单影只了。从此，他将用自己宽阔的肩膀，全力撑起这个温馨的小家。

家，就是一艘温馨的小船，会驶向温暖的港湾，也会驶向幸福的彼岸。

一度是"孤独者"的鲁迅，现在拥有了一个有孩子的家，自是十分珍惜这份来之不易的幸福。

同一战线的盟友

自由是人类的第二生命，不自由，毋宁死！
——《中国自由运动大同盟宣言》

为自由而抗争

1930年2月13日，中国自由运动大同盟在上海法租界的一个教堂里成立了。鲁迅和柔石，应邀参加了自由同盟成立大会。会议期间，鲁迅只是默默吸烟，没有发言也没有表态。

不过，他倒借此做了几场演讲，所讲的依旧是文艺与美学的旧话题。

然而，通过他的精彩演讲，这些旧话题也成了别样的宣传自由与人权的主张。其实，他知晓这些人的好意，只不过想借自己的名气做宣传而已。殊不知，这样被规定的自由，于他反而是一种不自由。

对旨在争取思想言论自由的同盟大会，鲁迅还是给予了十二分的诚意支持，《中国自由运动大同盟宣言》就是出自他的大手笔。

"自由是人类的第二生命,不自由,毋宁死!我们处在现在统治之下,竟无丝毫自由之可言!查禁书报,思想不能自由。检查新闻,言语不能自由。封闭学校,教育读书不能自由。……我们组织自由运动大同盟,坚决为自由而斗争。感受不自由痛苦的人们团结起来,团结到自由运动大同盟旗帜之下来共同奋斗!"

彼时,蒋介石政府岂能容忍他们到处演讲散布这些言论。

> 此时浙江省党部呈请通缉"反动文人鲁迅"。
> "自由大同盟"被严压,先生离寓避难。
>
> (《鲁迅年谱》)

自由同盟被禁了,鲁迅也成了浙江省党部当局通缉的"堕落文人"。

恐怖政治愈加猖獗,残余的自由早已所剩无几。所幸,在黑暗的恐怖阴影下,还有一丝淡淡的希望微光照进来———个由中国共产党领导的左翼文艺团体,即将宣布成立了。他们为了打破国民党的文化围剿,竭力争取联合鲁迅。

此时,鲁迅为了与专制势力对抗,确也迫切需要同一战线的盟友。

其实,他心里明白,联合自己的这些盟友,也许只是看中了自己的名望与笔。但是,有盟友总不是坏事。

不久,经柔石介绍,联络人冯雪峰走进了鲁迅的世界,算是彻底让他放下了心中的顾忌。

> 如果先生处没有客人,他(冯)就过来谈天。他为人颇硬气,主见甚深,很活动,也很用功,研究社会科学,时向先生质疑问难,甚为相得。
>
> (许广平《鲁迅与青年们》)

　　鲁迅还是挺喜欢眼前这个青年，不仅因为他是柔石的朋友，更因为他率直忠厚的个性。他们相近的性情，也拉近了彼此的距离；共同的事业，更奠定了他们之间深厚的友情基础。就这样，他们走到了同一战线。

　　鲁迅欣然答应了，愿意加盟左翼文艺团体。

　　在这里，他知晓"左翼"代表一股不容小觑的反对专制的进步力量，他们所倡导的左翼文化，是自己格外认同的一种进步思潮。

　　他，赞同"左翼作家联盟"的组织名称。

　　他，谢绝"左联盟主"与"委员长"的头衔称呼。

　　他，唯一略有不满的是，他们照搬了苏联"拉普"和日本"纳普"的宣言纲领。

　　除此之外，他对这个联盟都是甚满意的。

　　最后，他还提议接纳郁达夫与叶圣陶入盟，只可惜前者被勉强接纳了，而后者却被无理地拒绝了。

左联成立

　　3月2日，左联成立大会上，鲁迅做了《对于左翼作家联盟的意见》的演说：

> 　　"左翼"作家是很容易成为"右翼"作家的。倘若不和实际的社会斗争接触，单关在玻璃窗内做文章，研究问题，那是无论怎样的激烈，"左"，都是容易办到的；然而一碰到实际，便即刻要撞碎了。关在房子里，最容易高谈彻底的主义，然而也最容易"右倾"。

　　这一次，鲁迅加盟左联，做出了自我牺牲的决定。

他，甘愿为了青年多做点实事，也甘愿做青年攀登的梯子。倘使真能让青年奋起，真能由此爬得较高，就算自己被践踏，就算自己受伤害，又何足惜呢？

> 中国之可作梯子者，其实除我之外，也无几了。所以我十年以来，帮未名社，帮狂飚社，帮朝花社，而无不或失败，或受欺，但愿有英俊出于中国之心，终于未死。

> （《鲁迅书简·致章廷谦》）

尽管一次次被爬梯子的青年所伤，但人到晚年就难免有点操切，想竭尽全力完成最后的使命。

不忘初心，他还是只想为后辈青年多做点实事。

与梁实秋的笔战

他的根，他的创作生活，是植在半封建的农村中，在农民和知识分子中的。

——张梦阳《鲁迅学 在中国 在东亚》

梁实秋的论战

五四时代的知识分子，早已分裂蜕变成了两大阵营。

或成为胡适式的，与专制政府合作；或成为鲁迅式的，与专制政府抗争。前者大部分留学于欧美，往往将社会的变革寄托于上层的改良，因而选择了一种与国民政府合作的路径。后者大部分留学于俄日，往往为社会的变革投身于下层的革命，因而选择了一种与国民政府抗争的做法。

其实，胡适和鲁迅，作为中国新文化的奠基者，本质上属于互为补充的两个思想维度。

1929年，以胡适为代表的知识分子，接连发表了一系列关于人权的文章，一部《人权论集》，便是向党国提出的赤诚的劝谏。

其实，鲁迅早已看穿了这一切。在他看来，人权的实现不是靠言语的乞求，而是靠流血的争取。因而，他对国民政府不曾抱有任何幻想。对胡适，他也不想妄加评论。

但是，对梁实秋，他却不持这样的态度。

因为梁实秋不但自告奋勇地做"好政府主义"的宣传，也积极地以反对"普罗文学运动"为己任。仅此两点，就深为鲁迅厌恶。

1929年9月，梁实秋先发制人，发表了两篇论文：《文学是有阶级性的吗》和《论鲁迅先生的"硬译"》。在梁实秋看来，人性是永恒不变的，并没有阶级的区别。人性的复杂，被他轻易地说成了单一，这也有意规避了阶级性的客观存在。

在梁实秋看来，好的作品永远是少数人的专利品，大多数人是永远与文学无缘的。创造文学的都是天才，鉴赏文学也都是天生的一种福气。所以，文学的价值决不能以读者数目多寡而定。

梁实秋的言论，里里外外都渗透了阶级优越感，促使他以人性的理论否定了文学有阶级性。在这里，梁实秋强调文学的相对独立性，以及主张译文的畅达，论述过程中更有意夹杂了歪曲无产阶级文学的主张，试图以此抹杀无产阶级文学的价值。

1930年3月，鲁迅针对梁实秋人性理论的片面性，在上海《萌芽月刊》第一卷第三期发表了一篇长文予以回应，题为《"硬译"与"文学的阶级性"》。

> 煤油大王那会知道北京检煤渣老婆子身受的酸辛，饥区的灾民，大约总不去种兰花，像阔人的老太爷一样，贾府上的焦大，也不爱林妹妹的。
>
> （《二心集·"硬译"与"文学的阶级性"》）

针锋相对的驳论，让他一针见血地指出了阶级不同，人性难以相通的真相。

富人必然不知穷人的贫穷辛酸，但穷人却是有可能向往富人的富态矫情。在他看来，文学无法表现抽象的人性，只能表现具体的人性，这样的人性就是唯物史观的阶级性。

在这里，鲁迅有意强调人性的两个不同侧面，不带阶级色彩的普通的动物性，以及与经济地位相联系的阶级性。进一步，他强调文学的阶级性，实则强调反抗斗争的必要性。无产阶级文学，是旨在以自己之力来解放本阶级的斗争，它所代表的也只是一般的阶级性，而不是什么特殊的阶级性文学。

鲁迅的批判，正是以平民的视角，审视无产阶级文学的一般性规律。

鲁迅与梁实秋的人性论战，归根到底还是一场错位的对话。

鲁迅的"硬译"

特定的历史环境下，不可避免地，论战升级成了私人恩怨的谩骂。

因为鲁迅不太懂英文，翻译的大多数作品依据日译本，但为了避免二次失误，他便在翻译时注重一字一句的直译，内容难免显得晦涩。

于是，梁实秋便抓住鲁迅翻译的这一特点大做文章，奚落说这样的"硬译"就是一种"死译"。

在梁实秋看来，死译的病虽然不亚于曲译，可是流弊比较少，因为死译最多不过令人看不懂，曲译却愈看得懂愈糟。

鲁迅回复自己"硬译"的目的后，便进一步撰文揭了梁实秋与新月派的老底：

> 为了我自己，和几个以无产文学批评家自居的人，和一部分不图"爽快"，不怕艰难，多少要明白

一些这理论的读者。

（《"硬译"与"文学的阶级性"》）

不久，冯乃超也因反感梁实秋《文学是有阶级性的吗》的部分观点，而撰写了《阶级社会的艺术》，并奉送梁实秋一顶"资本家的走狗"的大帽子。

这样贴标签的论战，挑动了梁实秋的政治神经。

梁实秋便以讥讽的口吻回应，写了《答鲁迅先生》《"无产阶级文学"》与《"资本家的走狗"》。

至于如何可以做走狗，如何可以到资本家的账房去领金镑，如何可以到××党去领卢布，这一套的本领，我可怎么能知道呢？

（《"资本家的走狗"》）

这一句暗含杀机，"领卢布"三字便上纲上线地将鲁迅推向了国民党当局禁令的一面，有意无意地借刀杀人。

4月19日，鲁迅写了一篇直接抨击梁实秋的文章，题为《"丧家的""资本家的乏走狗"》。

凡走狗，虽或为一个资本家所豢养，其实是属于所有的资本家的，所以它遇见所有的阔人都驯良，遇见所有的穷人都狂吠。

（《二心集·"丧家的""资本家的乏走狗"》）

文章直指梁实秋一流的新月派，实为专制政府的走狗。在鲁迅看来，梁实秋都不知自己的主子是谁，不是丧家狗是什么？一场关于人性的论战，最终还是沦为了意气之争。

鲁迅之所以如此刻薄地骂梁实秋，确实是有意解开牵涉苏联卢布的险恶圈套。

然而，梁实秋不甘示弱，将自己一步步装进了鲁迅的言论套子里。

鲁迅与梁实秋的笔战，似乎又陷入曾经他与创造社一般的无聊谩骂的旋涡之中了。

其实，从创造社到梁实秋，他只是对无产阶级文学被曲解的矫枉过正而已。

创造社，坚持文学的阶级性，而否定了共同的人性；梁实秋，强调文学只有普遍的人性，而否定了文学的阶级性。

他，始终坚持认为文学的阶级性与共同的人性是统一存在的。

五十诞辰

在这场无聊谩骂的笔战中，鲁迅迎来了自己50岁的生日。

> 友人为我在荷兰西菜室作五十岁纪念，晚与广平携海婴同往，席中共二十二人，夜归。
>
> （《鲁迅日记》）

其实，这时他的生日还没有到，之所以提前一周过生日，是"左联"想借鲁迅的生日，营造上海左翼文化的氛围。

1930年9月17日，美国女作家史沫特莱特意在法租界订下了一家荷兰餐厅为他庆祝50岁诞辰。

在朋友们的操办下，他的50岁生日办得相当隆重且有意义。

宴席上，出席的社会各界名流不少。他与众多亲友回顾了自己走过的文学道路，并且分享了自己对文学与革命的种种看法。

他谈到，一些年青朋友要求他当一个无产阶级作家。他要是真的装作一个无产阶级作家的话，那就未免太可笑了。他的根，他的创作生活，是植在半封建的农村中，在农民和知识分子中的。除了自己的故乡和周围一些知识者之外，对于其他任何的知识集团知道得很少。他也不相信中国的知识青年，没有体验过工人和农民的生活、希望与痛苦，便能产生出无产阶级的文学。（参见张梦阳《鲁迅学　在中国　在东亚》）

然而，这样的言论，确实让个别革命青年略感失望。

鲁迅先生，怎么对待革命的态度会如此消极呢？

不过，走过五十个春秋，谁又知道他心底的孤独与苦闷呢？

或许，只有他一个人晓得！

第七章

横站

忍看朋辈为新鬼

夜正长，路也正长，我不如忘却，不说的好罢。但我知道，即使不是我，将来总会有记起他们，再说他们的时候的。……

——《南腔北调集·为了忘却的记念》

现代木刻艺术

加盟左联后，鲁迅一面照例打自己的"壕堑战"，继续社会文化的批判；一面培养新一代的知识青年，继续文学文艺的建设。

这一段时间，他还积极倡导现代木刻艺术。

他不但创办木刻讲习会，自己担任口译，不但广搜现代欧洲的名作，开会展览，连我国古书中的木刻，有可给青年学子做参考材料的，也竭力搜罗善本而印行之。

（许寿裳《亡友鲁迅印象记·上海生活——后五年》）

一块木板，用几柄雕刀就制成了便于流传的现代木刻。

木刻，是中国所固有的，久被埋没在民间，现在就要复兴它，因它充满着新的艺术生命。

对木刻的艺术魅力，他有着自己的独到创见。

木刻制作简单又易于流传，这样的艺术形式，与底层社会是接地气的。

鲁迅素来喜欢插图，自己也设计过不少图书的插图。因为这个原因，他逐渐喜欢上了版画，为此自购或托人买了不少经典的外国版画。他最喜欢的，莫过于德国版画家珂勒惠支的作品。

为了更好地传播版画艺术，他还着手出版了几本木刻版画集。最初在朝花社，以《艺苑朝华》的名目定期出版画集。

他为《无名木刻集》所作的序言写道："新的木刻是刚健，分明，是新的青年的艺术，是好的大众的艺术。这些作品，当然只不过一点萌芽，然而要有茂林嘉卉，却非先有这萌芽不可。这是极值得记念的。"

在他看来，木刻不仅契合了中国革命的要求，更广泛地传播了底层民众的心声。

在内山老板的帮助下，他热心地筹划举办了一次小规模的世界版画博览会。

在北四川路上海供销合作社二楼的一间日语夜校教室，他们展览了来自德国和俄国的70多幅木刻版画。

他还组织了中国最早的木刻讲习会，邀请日本版画家内山嘉吉作为导师，自己亲自当翻译进行讲解。学员基本都是二十来岁的青年，他们也是中国左翼美术家联盟的会员。

鲁迅，不愧是中国新兴木刻运动的导师。在他的努力开拓下，木刻运动在上海滩掀起了第一个高潮。

青年被捕

鲁迅，始终对青年寄予未来的希望。

然而，他再一次看到了血淋淋的屠杀，实弹打出来的依旧是青年的血。

彼时，年轻的中国共产党，依然接受着共产国际的指导与操控。党内的最高实权，也落到了共产国际的忠实执行者王明手中。

1931年1月7日，在上海召开的中共六届四中全会上，王明成了中国共产党的领袖。党内就此响起了不满极端"左倾"政策的声音。毕竟，有清醒的共产党人，不满的声音就是一种清醒的存在。

于是，有26名中央委员在会上表示了强烈的反对。

1月10日，26名反对者另立中央，成立了"中共中央非常委员会"。

1月17日，一次中共党员不满王明的党内反对会，却成了国民党特务突袭逮捕革命者的恐怖行动。

在上海东方饭店，29名参会者全部被捕，其中就有包括柔石在内的5名左联作家。很明显，共产党人被捕，是因为叛徒的告密，内讧让他们暴露了身份。

次日，鲁迅才得知柔石等人被捕的消息，除了震惊，剩下的只能是悲痛。

> 其时是一九三一年一月十六日的夜间，而不料这一去，竟就是我和他相见的末一回，竟就是我们的永诀。第二天，他就在一个会场上被捕了，衣袋里还藏着我那印书的合同，听说官厅因此正在找寻我。
>
> （《南腔北调集·为了忘却的记念》）

16日夜里，柔石还曾说想印他的译著，只是没想到一句委托竟成了永诀。

柔石，本名赵平复。

与鲁迅相识，是他生命的一个转折点。

他不仅成为每月有40元大洋的自由撰稿人，还成了文坛冉冉升起的新星作家。这一切，源自他不懈的努力，也得益于鲁迅细心的栽培。

多么忠厚的青年，就这样被无理地逮捕了；多么可爱的青年，就这样被无情地虐杀了。这样可爱的青年，还有殷夫、冯铿、胡也频和李伟森。其中，冯铿还是柔石短暂而永恒的红色恋人。

这件事的发生，确实让人觉得很蹊跷。

中共党员的党内反对会，怎么就成了国民党特务突袭逮捕革命者的恐怖行动呢？很明显，这背后有着一个巨大阴谋。

鲁迅怎会不知，柔石等人的被捕原因就是叛徒的出卖告密。

鲁迅避难

在柔石身上，特务搜到了一份关于鲁迅译著的稿费合同。

于是，他们一次次威逼盘问，柔石一次次断然拒绝。鲁迅心急如焚，不仅担忧柔石的安危，也担忧合同泄密的不堪后果。那几日，他一方面想尽办法营救柔石，另一方面为了避免意外不得不烧掉与朋友往来的一些书信。

为了持久作战，保护自己与家人，他必须要尽快行动了。

在日本友人内山老板的帮助下，他先到日本人经营的花园庄旅店暂避。

这时，被特务盯上是意料之中的事，但最为荒谬的是此时谣言四处蔓延，各地报纸纷纷报道转载鲁迅被捕或被杀的消息。这样卑鄙地造谣，无非想从精神层面瓦解鲁迅的斗志。

小报记者盛造谰言，或载我之罪状，或叙我之住

址，意在讽喻当局，加以搜捕。……文人一摇笔，用
力甚微，而于我之害则甚大。老母饮泣，挚友惊心。
十日以来，几于日以发缄更正为事，亦可悲矣。

（《鲁迅书简·致李秉中》）

面对这些杀人的谣言，为了不让亲朋好友为自己担忧，他不得
不一次次写信澄清谣言。

然而，信件也要变换署名与写法，更不得不使用一些暗语。

不过，鲁迅最担忧的，还是柔石等人的安危。

2月7日至8日，在龙华警备司令部，柔石等23人被枪决了。噩
耗还是传来了！柔石的死，对于鲁迅的触动确实太痛太深了。毫不
夸张地说，鲁迅就像一个慈父失去了心爱儿子般伤心。

冷峻威严的背后，掩不住他那一颗柔软的心。

他毕生所见所闻的死，大都是这个世界上最为荒谬的死，一个
个青年最不自然的惨死。

悲痛，自己失掉了很好的朋友。

悲愤，中国失掉了很好的青年。

不得不说，他后期的文字之所以变得激烈，一个不容忽视的原
因就是他看到了太多现实的冷酷，看到太多年轻生命就这样无谓地
牺牲了。

化悲愤为力量，鲁迅投入了校阅山上正义日译《阿Q正传》的
工作。

此时，翻译这一篇最为满意的中篇小说，确实有着别样深层的
纪念意义。这个版本的《阿Q正传》，还译载了柔石等人的文学作
品。不为别的，只为纪念这些青年烈士的在天之灵。

4月，为了纪念牺牲的青年，鲁迅与冯雪峰特意办了《前哨》
杂志。

面对血腥的屠杀，青年们毫不畏惧地慷慨赴死，鲁迅也第一次
扛起了"中国无产阶级革命文学"的大旗，从此屹立于布满杀机的

前哨。

《前哨》第一期，便推出了"纪念战死者专号"。

鲁迅还撰写了一篇慷慨激昂的悼文，不仅表达了自己心底沉痛的悼念，更呐喊出被压迫者的心声。

> 我们现在以十分的哀悼和铭记，纪念我们的战死者，也就是要牢记中国无产阶级革命文学的历史的第一页，是同志的鲜血所记录，永远在显示敌人的卑劣的凶暴和启示我们的不断的斗争。
>
> （《二心集·中国无产阶级革命文学和前驱的血》）

两年后的2月7日，鲁迅还忘不掉柔石的惨死，于是写下了《为了忘却的记念》。

他，还是悲愤到难以平静：

> 惯于长夜过春时，挈妇将雏鬓有丝。
> 梦里依稀慈母泪，城头变幻大王旗。
> 忍看朋辈成新鬼，怒向刀丛觅小诗。
> 吟罢低眉无写处，月光如水照缁衣。

早想写一点文字，来纪念柔石等青年。并非为了别的，只因两年以来，悲愤总时时来袭击他的心。

三十年来，他确实目睹了太多青年的血。

救亡不能忘了启蒙

我之所以投稿，一是为了朋友的交情，一则在给寂寞者以呐喊，也还是由于自己的老脾气。

——《伪自由书·前记》

民族主义文学

1931年9月18日，日本关东军突袭沈阳，爆发了震惊中外的"九一八"事变。

"九一八"事变，就此成了一道横亘在中国人脊梁上难以愈合的伤。

日本侵占中国的野心逐步膨胀，身居东北要职的张学良却执意"不予抵抗"。张学良不仅无法正确判断形势，又存有开战必败心理，面对日寇入侵竟然下达了"不予抵抗"的荒唐命令。就这样，在短短的几个月内，日本关东军占领了我国东北全境。

南京国民政府的态度呢？是不愿触怒日寇，更不愿在剿共的节骨眼上与日方仓促开战。

所以，面对国土沦陷，国民政府还在积极推行对内剿共政策。

面对国难奇耻，社会各界人士纷纷表示对政府的对外政策的不满。

然而，在国难之中，社会各界又在呼唤一个统一、廉洁、高效、有为的国民政府。就这样，蒋介石再一次抓住了历史时机，调整政府机构，恢复军事委员会，进一步扩大个人势力。

早在1930年6月，潘公展、范争波、朱应鹏、叶秋原等人，便有意主动向权力阶层靠拢。因此，他们发起了一场"民族主义文学运动"，试图用以党国为中心的"民族意识"统一文艺知识界。其实，他们提倡的"民族主义文学"本身没有什么问题，只是在成为当权者御用的统治工具时就有了问题。

民族主义基于一种群众心理，确实起到了凝聚民族向心力的效果。当它与爱国热情结合的时候，便成了宗教式的狂热主义。不可否认，国民党的党国文学，确实基于这样的群体心理，实现了战时控制思想舆论的效果。

对于这类党国文学，鲁迅一向保持沉默，不予理睬。然而，国难当头，他们竟然如此毫无羞耻地讨好权力者，不得不让人生厌。

10月23日，他便将批判的矛头指向这些为专制政府摇旗呐喊的伪知识分子。他发表了一篇长文《"民族主义文学"的任务和运命》。在他看来，所谓的"民族主义文学"，正是那些宠犬派文学之中，锣鼓敲得最起劲的一类货色，是上海滩上久已沉沉浮浮的流尸。

"民族主义文学"的提出，不但掩盖了国民政府的不抵抗政策，而且也抹杀了无产阶级斗争的存在价值。所以，他还是要为民众的启蒙而批判，一如既往地为解放而斗争。

因此，他在数篇文章中多次提醒国人：不要忘记中国本来就是一个奴隶国家，我们从来都是一群奴隶。他指出，民族的生存关键，还是广大的奴隶获得做人的基本权利。

鲁迅的启蒙

1932年1月28日夜，日本军队突袭了驻防上海的第十九路军，发动了"一·二八"事变。

国民政府却因军阀割据政令不一，无力与日本全面开战，所以寄希望于在不失国权的情况下，以最小代价达成停战。但是残酷的战争怎能如他们所愿。此时，战争的硝烟早就笼罩在了上海的各个角落，到处都是流离失所的老百姓。

> 此次事变，殊出意料之外，以致突陷火线中，血刃塞途，飞丸入室，真有命在旦夕之概。于二月六日，始得由内山君设法，携妇孺走入英租界，书物虽一无取携，而大小幸无恙，可以告慰也。
>
> （《鲁迅书简·致许寿裳》）

为了躲避战火，鲁迅也不得不携全家及三弟全家在内山书店暂时避难。

日本友人劝他去日本暂住，但他还是不愿离开上海，更不愿离开中国。时危人贱，在任何地方，不都是一死吗？

这段时间忙于避难，他连日记也顾不上写。

> 战云暂敛残春在，重炮清歌两寂然。我亦无诗送归棹，但从心底祝平安。
>
> （《一·二八战后作》）

这首赠日本友人的小诗，道出了鲁迅经受战乱时的心境。

次年2月4日，上海文化界代表联名发表了《上海文化界发告世界书》，号召进步作家们"反对日本帝国主义惨无人道的屠杀"，"打倒日本帝国、国际帝国主义"。

其中，署名者就有鲁迅。

自从以"堕落文人"的罪名被国民党通缉，鲁迅便被污蔑成了投降派的"贰臣"，因而，他将这一时段的杂文命名为《二心集》。从这时起，他开始一面揭露日本侵略者的暴行，一面抨击蒋介石政府的独裁。

1933年，他的短评集《伪自由书》发表，有个人的感触，也有时事的评论。

> "自由"更当然不过是一句反话，我决不想在这上面去驰骋的。我之所以投稿，一是为了朋友的交情，一则在给寂寞者以呐喊，也还是由于自己的老脾气。
>
> （《伪自由书·前记》）

在这个黑暗的时代，所谓的"自由"也只是一种"伪"的存在。

不得不说，他骨子里有一种布道的使命感。在心底，他总有一种内在的方向感，构建自己的理想王国，同时又忘不了启蒙普罗大众。

《逃的辩护》《崇实》等数篇文章，狠狠地指出了党国教育的奴化本质，学生的激进被政府视为不理性，然而学生的后退则被他们视为不爱国，所以，他要为学生的"逃"做一个合理的辩护。

《航空救国三愿》《中国人的生命圈》《天上地下》等数篇文章，直接揭露了不抵抗外敌的党国"英雄"，却无休止地狂轰滥炸"匪区"，到处屠杀手无寸铁的"蚁民"。他自己身陷其间，也没能幸免。

《战略关系》《对于战争的祈祷》等数篇文章，则更是直接揭露了国民政府的卖国本质。

想起年轻的朋友被无辜屠杀，自己也时时被特务跟踪，他心里明白，战争迫使启蒙中止，自由民主也只能靠边站。

所以，他更要一面救亡，一面不忘启蒙。

《沙》，写出了国民性一盘散沙的根本，在于大小统治者的残暴。

《死火》，写出了国民性低劣的根本，在于难以除去的权力崇拜。

而一篇《观斗》，又辛辣地直指了中国人的窝里斗现象，有力地抨击了蒋介石"攘外必先安内"政治策略的黑暗。

他这样的启蒙，不但披露了彼时政治黑幕背后的种种丑态，更揭露了彼时政治黑幕背后深层的权力运作。他以细致入微的审视，也观察到包括自己在内的国民心理还存有的奴性。

这样的启蒙，并非强势地给民众灌输思想，而是执着地启蒙民众实现思想开化。

北平巡回五讲演

第一次吃螃蟹的人是很可佩服的，不是勇士谁敢去吃它呢？

——《集外集拾遗·今春的两种感想》

"第三种人"

1932年，左翼批评家与"自由人"和"第三种人"之间，又展开了一场论争文艺与政治关系的笔战。

胡秋原，最先提出"普罗文学"与"民族主义文学"都是"阿狗文艺"。在左翼作家的回击之下，他坚定地指出"自由人"的观点。不久，苏汶也提出了类似"自由人"的"第三种人"观点。

在苏汶看来，当左翼批评家和"自由人"争着文坛霸权的时候，最吃苦的却是这两种人之外的"第三种人"。所谓的"第三种人"，指的是那些不受理论家指挥的作家。

乱哄哄，你方唱罢我登场。

10月，鲁迅介入这场论争，发表了一篇《论"第三种人"》。

他认为在这个黑暗时代，不做奴隶，就只能做奴才，哪里还有"第三种人"呢？在他看来，无论怎样标榜"自由""中立"，"第三种人"都是不可能的存在。

那么，就坚定个人立场做一个左翼作家吧。

返京探母

11月9日夜，三弟周建人送来一封"母病速归"的电报。

10日，鲁迅冒雨购得次日的火车票。

11日，他便火速只身一人北上返京探母。

13日，到达北平，他便给许广平写信：

> 北平似一切如旧，西三条亦一切如旧，我仍坐在靠壁之桌前，而止一人，于百静中，自然不能不念及乖姑及小乖姑……

（《鲁迅书简·致许广平》）

母亲已经75岁高龄，这一回发病庆幸只是慢性胃炎引起的晕眩。这几日，他陪同母亲看病，听她讲些三十年前与邻里的事，顺便也拜访与接待了阔别多年的几位老友。

其实，早在他到京之前，许广平已经寄出了两封信。

信中内容，也无非是一些家长里短，向他说明海婴的情况，孩子生病打了几针，已经痊愈了。再说她誊抄两人的通信，已经完成了一半，暂时取名《两地集》。

不得不说，他们的通信，还略略提到了朱安。

朱安是一个善良的女人，自然不会怎么样。只是信子喜欢给她提一些建议，劝她多用他们的钱之类的话，自然在鲁迅的眼里极其可笑。

对朱安而言，她的基本生活保障，确实只能依赖远在上海的他们了。

19日下午，鲁迅因取书，触倒了一板书，砸到了脚趾上，擦了止痛药，到了次日痊愈。

上海那边，收到了母亲鲁瑞寄给孙子海婴的松子糖。小家伙第一次吃到了奶奶送来的糖，心里乐滋滋的。

23日，母亲的病基本痊愈了。

北平五讲

在北平，他在北京大学、北平辅仁大学、女子师范大学等五所高校做了五场演讲。

第一讲，在北京大学，他讲了《帮忙文学与帮闲文学》。

他指出，大凡亡国之时，皇帝无能，臣子就大谈女人与酒。开国之时，这些人便做了诏令、宣言，做一篇篇所谓的皇皇大文。然则，当下的文人又大谈女人与酒，莫非又有什么吉兆降临了人间吗？

换而言之，言论的着眼点，已经不是单纯的学术问题，而是关乎培养青年的政治问题。

第二讲，在北平辅仁大学，他讲了《今春的两种感想》。

这一场演讲，隐隐约约道出的是青年应该走怎样的道路。从上海与北平的所见所感讲起，迂回地讲了今春的两种感想：第一，中国人做事太不认真，凡事说说算了，而不认真去做；第二，我们的眼光不可不放大，但又不可放得太大。

演讲中，他穿插着谈到了新兴的未来派艺术，指出欧洲的未来派文学，虽然看不懂，作者却是拼命的，认真在那里讲，而中国文学老是做戏似的不认真。许多历史的教训，都是用极大的牺牲换来的。

　　我想，第一次吃螃蟹的人是很可佩服的，不是勇士谁敢去吃它呢？螃蟹有人吃，蜘蛛一定也有人吃过，不过不好吃，所以后人不吃了。像这种人我们当极端感谢的。

　　　　　　　　　　　（《集外集拾遗·今春的两种感想》）

　　他借此对青年谈了两点希望：第一，做事要认真，不要老是做戏似的；第二，不要只注意近身的问题，多注意些社会上的实际问题。

　　第三讲，他在北平女子文理学院讲了《革命文学与遵命文学》。

　　他指出，眼下的"革命文学"，再次演变成了"遵命文学"，是受官方操控的文学，并指出眼下流行的几种文学流派，就是"遵命文学"。其一，胆小而革命的，如叶灵凤之流；其二，大谈马克思主义，所做并非如实，如张资平之流；其三，为艺术而艺术，表面的装纯，实则也是遵命文学。

　　第四讲，在北京师范大学，他讲了《再论"第三种人"》。

　　他将知识阶级分为新旧两类，特别强调新知识者要立足现实，在斗争中寻求自己的艺术，并进一步指出，新知识者要自由与独立，就必须敢于正对权势者。倘若一味避开权势者而奢谈"自由人"与"第三种人"，那只能是痴人说梦。

　　28日上午，在中国大学，最后一讲他讲了《文艺与武力》。

　　看了太多青年的血迹，让他难以心平气和地麻醉自我。

　　文学是社会的，不是几个人的，因境遇之不同，自然会发出呜感来。后麻醉办法不成，继之又用武力，所以有许多作家努力新文学而被杀戮或拘禁，不过这个也不能把新的文学消灭，因为虽然新的文学家有所死伤，还有更多新的产生云云。

（《五讲三嘘集·文艺与武力》）

鲁迅七日的演讲，让北平青年的心犹如烈火一般燃烧了起来。

然而，这一次北平五讲，还是被某些报刊媒体恶意报道了。有人说，他受不了上海的迫害悄然回京；也有人说，他北上是带着特殊的政治任务的；还有人说，他卷土重来是为了当教授。

他们真的想多了，这次回京他只不过是为了探望老母而已，顺便做了五场演讲。

作为一个孝子，多年来漂泊在外还是让他很愧对母亲的。

还有，一生让他难安的朱安。

又为斯民哭健儿

中国青年之至死不屈者，亦常有之，但皆秘不发表。

——《鲁迅书简·致曹聚仁》

民保盟

1932年，蒋介石政府继续推行所谓"攘外必先安内"的军事战略。

历代统治者，都喜欢奉行"攘外必先安内"，解决内忧外患，蒋介石也没有什么高明的手段。

就这样，大片国土相继沦陷，民族生存也出现了空前的危机。

面对民族的生死存亡，抗日与剿共，蒋介石毫不犹豫地选择了剿共，就这样他第一次失去了民心。

错！错！错！

蒋介石除了继续发令围剿红军之外，仍以通缉、绑架、暗杀等流氓手段，对付社会各界进步人士。

哪里有压迫，哪里就有反抗！

12月17日，中国民权保障同盟这个爱国民主团体在专制高压下宣布成立。其宗旨是：反对国民党一党独裁，援救一切爱国的革命的政治犯，争取人民的出版、言论、集会和结社自由。

宋庆龄当选为执委会主席，蔡元培被推举为副主席。

1933年1月4日，蔡元培邀请鲁迅入盟补选为执行委员。

17日，中国民权保障同盟上海分会成立，鲁迅当选为执行委员。

就这样，文化界的三巨头齐聚上海滩，成为反抗蒋介石专制独裁的大佬级人物。

民保盟，宣称自身不隶属任何个人与党派，这一点正好契合鲁迅的品性。

尽管后来民保盟只存在了六七个月，但在反抗专制争取自由方面还是取得了不小的成绩。

他们接待了萧伯纳来华访问，又声援了被困牢狱的牛兰夫妇，还设法营救了廖承志、陈赓等共产党人及丁玲、潘梓年等青年作家；他们抗议国民党高官滥用职权，又抗议德国法西斯的残酷暴行；他们与胡适展开关于民主运动的法理争论，又为杨杏佛举行了送殓仪式。

这期间，鲁迅自始至终积极参加民保盟的斗争。

他一向不愿出席什么会议，但接到民保盟的会议通知，却总是按时到会参加。

丁玲失踪

5月14日，国民党特务绑架了丁玲和潘梓年。同时，他们还将应修人从三层楼的窗口推下致死。

又一个革命青年的惨死，让人痛心不已。随后，民保盟立即组织了"丁潘保障委员会"，进行相应的募捐与营救工作。左联发表了《反对国民党白色恐怖宣言》，对国民党特务统治的种种卑鄙行径予以揭露；文化界组织了"丁潘营救会"，一致要求国民政府惩办非法绑架的幕后策划者。

国民党迫于舆论压力，采取了不杀不放的"圈养"政策。鲁迅早就深知，一个宣言根本不能让专制政府做出让步，他更不相信一个团体的乞求就能得到自由与人权。因此，他就没有在那些宣言上签字。

屠伯们，从来不会忌惮宣言的软实力，只会相信枪炮的真实力。

丁玲的失踪，还是使他感到异常悲痛。一个个年轻的朋友惨遭不测，死的咒语再一次盘旋在他的脑海。

6月，他写了一首《悼丁君》："如磐夜气压重楼，剪柳春风导九秋。瑶瑟凝尘清怨绝，可怜无女耀高丘。"

他还是认为，自己能为丁玲做的，只是出版她的作品。于是，他特意嘱告青年编辑赵家璧，尽量快速高质量地出版丁玲的长篇小说《母亲》，将稿费分期送给她的母亲。

丁玲的这部长篇小说，就是以自己的母亲余曼贞为原型，刻画了一位生活在水深火热的历史时期的革命女性形象。

作品，才是一个作家最好的纪念，因而他建议出版《母亲》后应该再做一系列宣传，这也是反抗专制政府的一种斗争方式。

《母亲》这部没有写完的作品，一经出版迅速成了畅销书。

初版4000册，很快便销完，在三年内，总共印了四版，累积印数超过了10 000册。

事实证明，鲁迅的判断是正确的，一切抗议宣言都只是无谓的徒劳。

杨杏佛惨遭暗杀

6月18日，民保盟总干事杨杏佛，在法租界被国民党特务暗杀了。又是一次青天白日下的暗杀。

杨杏佛，一个精明干练的民保盟总干事，一个奋不顾身保护幼子的好父亲。在生死瞬间，作为父亲的他本能地扑在儿子身上，自己却中了两枪，一枪在腰上，一枪在心脏，都是要害处。

然而，杨杏佛可是国民党方面的人啊。

之所以被杀，也许还是因为民保盟的存在。杨杏佛有着很强的组织领导能力，他算是民保盟"三巨头"之外的核心领导人。他曾不遗余力地四处营救进步人士，还不顾禁令如实报道了苏区的情况。

这些都会让当局恼羞成怒。

杨杏佛死后，民保盟也迅速瓦解了。

毋庸置疑，这是一次杀鸡儆猴的警告。国民党特务除掉了总干事杨杏佛，下一个目标不就是鲁迅等人了吗？

> 最近中国式的法西斯开始流行。朋友中已有一个失踪，一人被暗杀。此外可能被暗杀者大有人在，但我总算还活着。而且，只要我活着，我总要拿起笔来回敬他们的手枪的。只是不能自由地到内山书店去漫谈了，这一点倒有些不好办；去还是去的，不过是隔日一次罢了。将来恐怕不是夜间就不能去了。
>
> （《鲁迅书简·致山本初枝》）

6月20日，就在杨杏佛入殓的这一天，鲁迅不顾个人的安危，执意送别这位献身自由民主的好战友。

这一次出门，他有意不带钥匙，以示不畏牺牲的决心。

对杨杏佛这位献身自由民主的好战士，他是发自内心地敬佩；对这么一个冒死保护儿子的好父亲，他是发自内心地敬重。归来的晚上，他写下一首悼念杨杏佛的诗：

"岂有豪情似旧时，花开花落两由之。何期泪洒江南雨，又为斯民哭健儿。"

丁玲失踪与杨杏佛之死，让他再一次深思生与死。

生与死，不在自己的一念之间，而在权力掌控者的喜怒之间。

死，有何恐惧？

看惯了太多亲友非正常的死亡，于他而言，死本身已经不是一个令其恐惧的问题。问题在乎，活着的自己，能做的只是写点骂人的文章。

仅此而已，聊以慰藉死去的亲友。

背后袭来的冷箭

死于敌手的锋刃，不足悲苦；死于不知何来的暗器，却是悲苦。

——《华盖集·杂感》

杂文·暗箭

1933年，鲁迅仍以战士的姿态，以杂文为匕首、投枪对论敌予以辛辣的回应。

这个时期的杂文《伪自由书》，便是千字短评的荟萃，综合了《热风》中"随感录"的精悍与《坟》中"随笔"的从容。

这些杂文，也一如既往地"论时事不留面子，砭锢弊常取类型"。

"不留面子"，是他性情中的爱憎分明；"常取类型"，是他行文中的合理缜密。进一步而言，他给《申报》的"自由谈"副刊撰稿，不仅改变了作战战略，更扩大了作战范围。

死于敌手的锋刃，不足悲苦；死于不知何来的暗
器，却是悲苦。但最悲苦的是死于慈母或爱人误进的
毒药，战友乱发的流弹，病菌的并无恶意的侵入，不
是我自己制定的死刑。

（《华盖集·杂感》）

人到晚年，遭遇的敌手，不只明枪，还有暗箭。

因为他接待过萧伯纳，竟无故遭到了文学社同人的暗袭。他怎
么也不曾想到，有一天"死于战友乱发的流弹"竟一语成谶。

1933年7月下旬，《文学》第二号，刊发了一篇署名伍实的文
章《休士在中国》。

……萧翁是名流，自配我们的名流招待，且唯其是
名流招待名流，这才使鲁迅先生和梅兰芳博士有千载一
时的机会得聚首于一堂。休士呢，不但不是我们的名流
心目中的那种名流，且还加上一层肤色上的顾忌！

（《休士在中国》）

萧伯纳来华，受到了社会各界名流的热烈欢迎，事后还汇编了
一本饶有意味的《萧伯纳在中国》。然而，休士来华却异常冷清，
不但没有名流的欢迎，更没有什么娱乐媒体的炒作。

很明显，伍实在文中有意虚构，对鲁迅更是着意奚落。

他还将鲁迅和梅兰芳聚首于一堂进行了一番"调侃"，这确实
触怒了鲁迅。

对如此卑劣的人格污蔑，鲁迅是绝对不会容忍的。

7月29日，鲁迅立即给文学社写了一封信，要求伍实公开赔礼
道歉。

（会见萧伯纳）是招待者邀我去的……这回的招

待休士，我并未接到通知，时间地址，全不知道，怎么能到？即使邀而不到，也许有别种的原因，当口诛笔伐之前，似乎也须略加考察。

（《南腔北调集·给文学社信》）

他严厉地指出：伍实其实是个化名，他一定也是名流，非名流也未必能够入座。他严正地要求：施行人身攻击之际，应该负一点责任，宣布真名看一下真实的嘴脸。

事实上，这位伍实先生就是《文学》杂志的主编傅东华，是鲁迅《文学》杂志的同人之一。

最后，以《文学》杂志刊登了傅东华的致歉文章收场。

可是，《新垒》月刊嫌事情不大，竟刊发了一篇《文学社向鲁迅磕头》，借此嘲讽鲁迅：

鲁迅之威风，文学会之驯服，至此我们才知文坛权威左联领袖之尊贵，才见到一副文坛奴才的写真。……鲁迅以父系制度时代的亲权，再加上一个左联背后的政权，当然要严加斥责，而《文学》不能不作贤妻孝子的表示了。

这篇文章如此刻薄地奚落鲁迅，实在是抱有一种唯恐天下不乱的心理。

其实，他们的目的是用这煽风点火的伎俩将鲁迅激怒，从而扩大自己刊物的发行量与知名度。

鲁迅心知肚明，自然没去理会。

或许，正如他所言："宁可与敌人明打，不欲受同人暗算也。"

后来，文学社同人为了挽回与鲁迅的关系，不得不请了一次客。

席间，傅东华再次赔礼道歉，总算获得了鲁迅的原谅。

与施蛰存的论战

一波未平，一波又起。

9月29日，《大晚报》副刊《火炬》上刊登了施蛰存推荐青年阅读《庄子》《文选》等古书的文章。

10月1日，鲁迅敏锐地预感到将有一股复古之风向上海刮来。

于是，他先发制人用"丰之余"的笔名写了一篇《重三感旧》。文章指出，历史也存有倒退的影像，新青年也存有"桐城谬种"，新文学也存有"选学妖孽"。旧瓶可以装新酒，那么新瓶自然也可以装旧酒了。

> 排满久已成功，五四早经过去，于是篆字，词，《庄子》，《文选》，古式信封，方块新诗，现在是我们又有了新的企图，要以"古雅"立足于天地之间了。假使真能立足，那倒是给"生存竞争"添一条新例的。
>
> （《准风月谈·重三感旧》）

这篇批评文的目的，是批评那些遗少的不良风气，而非有意指责施蛰存。其实，鲁迅本就对《文选》很有意见。从他写的一篇《选本》中可见到他对《文选》的不满。

> 选本可以借古人的文章，寓自己的意见。博览群籍，采其合于自己意见的为一集，一法也，如《文选》是。……如此，则读者虽读古人书，却得了选者之意，意见也就逐渐和选者接近，终于"就范"了。
>
> （《集外集·选本》）

归根结底，鲁迅之所以反感《文选》，在于其"选"的标准。

　　然而，施蛰存却认为这是鲁迅有意刁难自己，便写了《〈庄子〉与〈文选〉》等数文予以回击。

　　"没有经过古文学的修养，鲁迅先生的新文章决不会写到现在那样好。所以，我敢说：在鲁迅先生那样的瓶子里，也免不了有许多五加皮或绍兴老酒的成分。"

　　就这样，在误解之中，他们的论战继续下去，最终施蛰存得了一个"洋场恶少"的恶名。

> 　　我和施蛰存的笔墨官司，真是无聊得很，这种辩论，五四运动时候早已闹过的了，而现在又来这一套，非倒退而何。
>
> （《鲁迅书简·致姚克》）

　　除去带有偏见的交锋，他们论争的焦点还是"五四"以来的一个核心问题：关于传统文化，我们该如何对待？

　　这，确实是一个世纪难题。

　　对于传统文化，并不能简单地抛弃或固守。换言之，鲁迅的态度，只是捍卫"五四"来之不易的思想进步。

　　让他感到无奈的是，这场原本学术性质的争论，最终还是沦为一场争吵。

人生得一知己足矣

人生得一知己足矣，斯世当以同怀视之。

——何瓦琴

人生知己瞿秋白

在鲁迅生命的最后几年里，与他关系最为密切的莫过于瞿秋白了。

1931年初，瞿秋白的领导权被解除了，这对他而言未尝不是一种解脱。

从此，他可以醉心于文学，尽情地挥洒自己的才华。

也因此，瞿秋白以作家的身份，在美好的年华里创作出不少文学经典。

看见你那关于翻译的信以后，使我非常高兴。……不过我也和你的意思一样，以为这只是一点小小的胜利，所以也很希望多人合力的更来介绍……

（《二心集·关于翻译的通信》）

瞿秋白的翻译才能出众，主张着眼大众的直译，这让鲁迅很是欣赏。

1932年9月1日起，鲁迅与瞿秋白开始了密切的往来。

> 那天谈得很畅快。鲁迅和秋白同志从日常生活，战争带来的不安定（经过"一·二八"上海战争之后不久），彼此的遭遇，到文学战线上的情况，都一个接一个地滔滔不绝，无话不谈，生怕时光过去得太快了似的……
>
> （许广平《鲁迅回忆录·瞿秋白与鲁迅》）

如果说鲁迅是领导左联的精神统帅，那么瞿秋白就是当之无愧的政治委员。他俩都有极高的文学天赋，都执着地在痛苦和彷徨中追求自己的人生目标，寻求拯救苦难中国的药方。

因为共同的性情与志趣，他们彼此都备感相见恨晚。

11月底，瞿秋白得知一个警报——国民党已经盯上了他。他不得不搬出原来的住所，经冯雪峰的安排，暂时躲避在鲁迅家里。

12月里，鲁迅的北四川路寓所，成了瞿秋白避难的不二之选。为了保护他，鲁迅也是置生死于度外了。

在这二十几日的相处之中，他俩用文字建立起了深厚的友情。

瞿秋白特意为小海婴购买了一盒进口玩具。据说，这盒"积铁成象"玩具相当不便宜，而瞿秋白夫妇的生活也不怎么富裕。

1933年2月，瞿秋白第二次在鲁迅家里避难，他写了不少诗文，其中《王道诗话》《出卖灵魂的秘诀》《大观园的人才》等十多篇文章，以鲁迅曾经用过的笔名"何家干"发表了，这些文章也收录于《伪自由书》《准风月谈》等集子中。

中国的帮忙文人，总有这一套秘诀，说什么王道，仁政。……不但骗人，还骗了自己，真所谓心安理得，实惠无穷。

（《伪自由书·王道诗话》）

而今时世大不同了，手里拿刀，而嘴里却需要"自由，自由，自由"，"开放××"云云。压轴戏要换了。

（《伪自由书·大观园的人才》）

瞿秋白有意模仿鲁迅的笔调，竟做到了以假乱真，因而这些文章也瞒过了一批批鲁迅的忠实粉丝。

不过，细心的读者发现，他俩的文风，还是有一点细微的差别。瞿秋白的文章，政治性较强，文章会有意无意地直指现实政治；而鲁迅的文章，文化性较强，不会刻意涉及政治问题。

1932年12月7日，瞿秋白将自己年轻时写的一首诗赠予鲁迅：

"雪意凄其心惘然，江南旧梦已如烟。天寒沽酒长安市，犹折梅花伴醉眠。"

次年4月11日，鲁迅录清人何瓦琴的一联诗句回赠瞿秋白：

"人生得一知己足矣，斯世当以同怀视之。"

不得不说，人生得一知己太过难得。

寻找一个人生知己实在太难了，在喧嚣的上海滩，除了许广平，还有谁真正理解鲁迅呢？

能得瞿秋白这一知己朋友，于鲁迅甚是安慰。

知己的馈赠

作为职业革命家的瞿秋白，总感到命运无常，于是，他便想着为这个忘年朋友做点什么。

为好友编辑《鲁迅杂感选集》，算是他的一种馈赠。

在瞿秋白看来，这次自己可以系统地读一读鲁迅的书，为他的书留下一个纪念。

1933年4月，为了尽快编辑好这本书，瞿秋白谢绝了一切访客，谎称自己生病了，需要静心调养。他还让妻子不时熬点汤药，朋友们闻到汤药味，自然不愿意多打扰他的静养。

就这样，瞿秋白把自己关在书房，静心通读了鲁迅发表过的所有杂文。

7月，由他编辑的《鲁迅杂感选集》在北新书局的策划下顺利出版了。这本杂感集，选录了鲁迅自1918年至1932年的74篇杂文。

4月上旬，瞿秋白一连四天工作到深夜，为好友这本书写下了洋洋洒洒万余言的序言：

> 自己背着因袭的重担，肩住了黑暗的闸门，放他们到宽阔光明的地方去……

这是整篇序言的第一句，引用了鲁迅杂文《我们现在怎样做父亲》中的句子，就此确立了鲁迅思想的核心意义。整篇序言，论述了鲁迅杂文产生的深刻历史背景，也阐明了它在知识阶级思想斗争中的独特意义与价值。

"鲁迅的杂感其实是一种'社会论文'——战斗的'阜利通'（feuilleton）。谁要是想一想这将近二十年的情形，他就可以懂得这种文体发生的原因。"

他，更将鲁迅的杂文创作界定为革命话语，肯定了鲁迅杂文的革命性与战斗性：

辛亥革命前，他倾向尼采主义，喊出个性自由，打破传统思想；"五四"时期，他以孤独者的睿智介入思想革命，成了有志青年的精神导师，而他的作品也成了新文学一个不可逾越的高峰；

"五卅"以后，他虽有一时的彷徨，但仍以坚韧的恒心继续为之作战。他是经历了四分之一世纪的战斗，从痛苦的经验和深刻的观察之中，携着宝贵的革命传统到新的阵营里来的。

他的战斗，往往通过私人问题，去观照社会思想和社会现象；他的战斗经验之宝贵，是因为他具有最清醒的现实主义精神，也就是他始终在做着"韧"的战斗。

在20世纪30年代，对鲁迅的战斗精神与经验，能够如此系统全面地理解的，或许只有瞿秋白一人吧！

不得已的选择：横站

为了防后方，我就得横站，不能正对敌人，而且瞻前顾后，格外费力。

——《鲁迅书简·致杨霁云》

小品文的危机

1932年9月，林语堂创办《论语》半月刊，以"两脚踏东西文化，一心写宇宙文章"作为编写范围与态度。

林语堂的创作，充满了闲适与性灵，不仅给剑拔弩张的文坛带来一丝清新气息，也强化了现代散文创作的审美意识。然而，对彼时内忧外患的中国而言，小品文的最大局限是缺乏对现实丑陋应有的批判力。

在林语堂看来，幽默是一种超然的心态，讽刺的背后自有一种悲天悯人。

关于幽默与讽刺，鲁迅有着不一样的看法。于他，幽默是一种轻松的自娱自乐，讽刺则是一种沉重的攻击斗争。

　　　看近来的《论语》之类，语堂在牛角尖里，虽愤
　　愤不平，却更钻得滋滋有味，以我的微力，是拉他不
　　出来的。

（《鲁迅书简·致曹聚仁》）

　　鲁迅不愿意看到昔日的战友变得颓唐，想以自己的微薄之力，拉他一把继续以笔作战。在他看来，幽默只是滑稽而轻松的无聊玩意，小品文是在不合时宜地逃避现实。因而，他倡导写实的杂文仍要介入现实斗争。

　　杂文短小、轻便、灵活自然，是思想战士战斗的首选。

　　他撰写杂文，还是坚持一贯的融合性原则，讽刺和审美完美融合，风趣与深刻完美融合。归根到底，他撰写杂文，总是抱有认真的心态与严肃的态度。因而，他多次指出，撰写杂文的实质，就是一种战斗。

　　在他看来，生存的小品文，必须是匕首，是投枪，是能和读者一同杀出一条生存的血路的东西。

花边文学的嘲讽

　　不久，一条生存的血路还不曾杀出，鲁迅又遭受"同一营垒"的暗算。

　　1934年6月3日，鲁迅写了一篇《倒提》，旨在揭示国民心中的奴性。

　　然而，林默却将《倒提》的意旨理解成了在替西洋人辩护，故而说文章的作者是"买办"。他于7月3日发表了《论"花边文学"》，直言鲁迅的杂感颇尽八股之能事；声言鲁迅的杂感掺有毒汁，旨在散布妖言；断言鲁迅的杂感实为小品文的变种；最后言鲁迅的杂感应名曰"花边文学"。

林默，压根就没有读懂鲁迅的文章，只是凭着革命的意气，愤怒地讨伐他所虚构的"假想敌"。

后来，鲁迅干脆将自己的杂文集，命名为《花边文学》，以此回敬林默所赠。

> 这一个名称，是和我在同一营垒里的青年战友，换掉姓名挂在暗箭上射给我的。那立意非常巧妙：一，因为这类短评，在报上登出来的时候往往围绕一圈花边以示重要，使我的战友看得头疼；二，因为"花边"也是银元的别名，以见我的这些文章是为了稿费，其实并无足取。
>
> （《花边文学·序言》）

无论怎样，这些高调的青年，确实让人头痛。

"大众语"论战

蒋介石政府一次次地发起尊孔读经的复古运动，学界也随之展开了一系列的"大众语"论战。

8月，鲁迅为了配合"大众语"论战，创作了一篇纲领性文论《门外文谈》。在这一篇文论中，他尽量用通俗的语言，与普通读者闲谈高深的学术问题，提倡大众语应该做一些更浅显的白话文。问题的关键，在于作者应该是大众中的一个人，这样才可以做大众的大众语事业。

鲁迅的思考和大众的生存，很显然不是一个维度的存在，普罗大众不会关注推行什么"大众语"，只会关注自身艰难的生计问题。

8月，《社会月报》编辑曹聚仁将鲁迅写的一封关于"大众语"的私人信件公开发表。不料，引来了田汉化名"绍伯"写的一篇《调和——读〈社会月报〉八月号》的文章。文章硬将鲁迅关于"大众语"的意见，与杨邨人的《赤区归来记》扯在一起：

"鲁迅先生似乎还'嘘'过杨邨人氏，然而他却可以替杨邨人氏打开场锣鼓，谁说鲁迅先生器量窄小呢？"

田汉将"调和"强加于鲁迅，从根本上否定了鲁迅的战斗精神。

同一营垒中人，从背后袭来的暗箭，让他有了难以言说的心痛。其实，田汉不是有意污蔑鲁迅，只是自以为是地想借鲁迅之名打压杨邨人，没想到事与愿违，伤害了鲁迅。

迫于各方的压力，田汉不得不解释，"绍伯"是自己的一个表弟，是一个"纯洁而憨直的青年"，文章的用意"绝不在从暗地里杀谁一刀，他没有任何那样的必要，何况是对于鲁迅先生他从来就很敬爱的"。

这一波论战，就算结束了。

不过，对鲁迅而言，这样的伤害是痛彻心扉的。

因为若来自敌人的中伤，他还可愤怒反击，而来自同一营垒的同人，他更多的是心痛不已。

毕竟，他们曾是一个营地的战友，曾并肩作战，是如兄弟一般。

在他看来，叭儿之类是不足惧的，最可怕的却是口是心非的所谓"战友"，因为防不胜防。为了防后方，就得"横站"，不能正对敌人，而且瞻前顾后，格外费力。

> ……但，敌人是不足惧的，最可怕的是自己营垒里的蛀虫，许多事都败在他们手里。因此，就有时会使我感到寂寞……然而我毫无退缩之意……唱高调就是官僚主义。我的确常常感到焦烦，但力所能做的，就做，而又常常有"独战"的悲哀。
>
> （《鲁迅书简·致二萧》）

　　就这样，为了提防背后袭来的冷箭，他就只得选择一种横站的姿态。

　　选择横站的姿态，既对抗来自前方"叭儿"的明枪，也提防来自后方"同人"的暗箭。

　　其实，鲁迅的一生，何尝不是横站的一生呢？

第八章

晚年

荒诞的新编故事

十年携手共艰危

向死而生的反抗

痛失知己瞿秋白

民族魂的死后复活

晚年别样的欣慰

左联最后的溃散

晚年别样的欣慰

鲁迅先生的笑声是明朗的，是从心里的欢喜。若有人说了什么可笑的话，鲁迅先生笑得连烟卷都拿不住了，常常是笑得咳嗽起来。

——萧红《回忆鲁迅先生》

青年作家"二萧"

到了晚年，鲁迅一次次陷入无聊的论战，也一次次遭到青年作家的暗算。

他不敢轻易相信他人，尤其一些所谓的青年作家，然而，萧军、萧红的出现，却让他看到了不一样的青年作家。

1934年11月，这一对从东北来的青年漂泊者，带着一股猛烈的东北风进入了鲁迅的视野。

11月30日，"二萧"总算盼到了与鲁迅相见的日子。

在内山书店，他们见面了，"二萧"与鲁迅见到彼此都感到格外欣喜。萧军向鲁迅谈了东北的抗日状况，鲁迅向他们讲了上海的文坛近况。

鲁迅第一眼就看出，"二萧"有着不同寻常的气质。

曾经，萧军一度为自己的"野气"感到困惑，但鲁迅却格外欣赏他这股子十分难得的"野气"。他身上的这股"野气"，也许正是鲁迅所提倡的反抗之气质。萧红呢，身上一直保持着"东北女汉子"的勇气，显露出来的则是鲁迅格外欣赏的刚烈、豪爽、"不屈"的气概。

萧红身上的这种"孤傲""不屈"，确是一种难得的高贵品质。

第一次见面，鲁迅便掏出准备好的20元，他知道这两个青年初到上海的不容易。离别之时，还向他们公开了自己的住所，欢迎他们随时来访。

就此，"二萧"成了鲁迅家的常客。

在政治高压的恐吓之下，鲁迅依旧选择了横站的姿态。

这次，他大力支持"奴隶社"，出版了萧军的《八月的乡村》、萧红的《生死场》，并命名为"奴隶丛书"。

这一套"奴隶丛书"，正是作为奴隶而不甘永远作为奴隶的青年们的呐喊与反抗。

萧军的《八月的乡村》，表现了当前中国青年的种种反抗。从这部作品中，鲁迅看到了一个青年不驯服的心，因此，他为《八月的乡村》作序并高度评价了其思想：

> 这《八月的乡村》，即是很好的一部……作者的心血和失去的天空，土地，受难的人民，以至失去的茂草，高粱，蝈蝈，蚊子，搅成一团，鲜红的在读者眼前展开，显示着中国的一份和全部，现在和未来，死路与活路。凡有人心的读者，是看得完的，而且有所得的。
>
> （《且介亭杂文二集·田军作〈八月的乡村〉序》）

萧红的《生死场》，则显示出当前中国女性的种种不屈。这种不屈精神，不仅表现了女性反抗精神的觉醒，更揭示了生存艰难的悲惨现状。鲁迅从她的文字中，读出了一种似曾相识的乡土叙事，这让他特别欣慰，为此他也为《生死场》作了序：

> ……然而北方人民的对于生的坚强，对于死的挣扎，却往往已经力透纸背；女性作者的细致的观察和越轨的笔致，又增加了不少明丽和新鲜。精神是健全的，就是深恶文艺和功利有关的人，如果看起来，他不幸得很，他也难免不能毫无所得。
>
> （《且介亭杂文二集·萧红作〈生死场〉序》）

可以说，萧军与萧红的出现，为他的晚年，注入了一种新的战斗活力。尤其是萧红，鲁迅对她有着说不出的喜欢。或许他喜欢她活泼中的孤傲，也或许他喜欢她豪爽中的温柔。

无情未必真豪杰。但是，鲁迅对萧红的感情并不是后人所猜测的男女之情，他只是单纯地喜欢欣赏她而已，只是把纯真的她当孩子一样宠爱而已。

待萧红似女儿

> 每夜饭后必到大陆新村来了，刮风的天，下雨的天，几乎没有间断的时候。
>
> （萧红《回忆鲁迅先生》）

在鲁迅生命的最后几个月里，萧红经常出入大陆新村九号寓所。

对萧红而言，鲁迅是一手提携自己走向文坛的恩师，她心里有着说不出的感激与依赖。

人到晚年，多么想有一个贴心的女儿呢。

鲁迅也不例外。他在自己的心底早已把萧红当成了女儿。素日里再怎么铮铮铁骨，在宝贝女儿面前瞬间也变得柔情似水了。

那时，只要是萧红做的韭菜盒子，鲁迅总多吃一个。就算萧红不怎么会下厨做菜，鲁迅还是很乐意多吃一口她做的饭菜。而且，凡是萧红提议做的饭菜，鲁迅没有不赞成的，她做出来的菜，鲁迅也总要夹起一筷子尝一尝。

有一次，他们谈得很久，已经到了深夜，一过十二点便没了电车。鲁迅特意嘱咐许广平一定要萧红坐小汽车回去，并且嘱咐许广平一定要付钱。

为什么一定要坐小汽车回家？因为他不放心萧红一个人走夜路。为什么一定要许广平付钱？因为他心疼萧红初到上海经济不宽裕。

还有一次，他们要赴一场宴会，许广平给萧红找了一个桃红色的布条束发。许广平开心地问在一旁的鲁迅："好看吧，多漂亮。"

鲁迅看了一下，表情严肃地说道："不要那样装饰她。"许广平也感到一点尴尬。

为什么鲁迅会有这样的失态呢？

或许，在他看来，桃红色太俗了，不太适合装扮萧红。

然而，这样的失态又超出了一般的友情，只能说明鲁迅确实把萧红当成晚年最亲的女儿对待了。

离去·惦念

"萧红又来了"，许广平心底有点不高兴。

她不高兴，倒不是因为鲁迅很喜欢萧红，而是因为她的频繁出入，已经影响到鲁迅的休息。许广平心里明白，萧红与萧军感情出了点问题，需要得到鲁迅的安慰，而鲁迅也需要一个像萧红一样的女儿的存在。但是对一个妻子而言，没有什么比丈夫的身体更重要了。

> 也是陪了萧红先生大半天之后走到楼上，那时是夏天，鲁迅先生告诉我刚睡醒，他是下半天有时会睡一下中觉的，这天全部窗子都没有关，风相当的大，而我在楼下又来不及知道他睡了而从旁照料，因此受凉了，发热，害了一场病。
>
> （许广平《追忆萧红》）

萧红确实没有想到，自己频繁出入鲁迅家里，会给他们带来不少麻烦与负担。因为经常不请自来，自然打乱了鲁迅一家惯常的生活节奏，他们不得不花些额外的时间，陪萧红聊天。

1936年7月，萧红决定到日本休养一段时间。

她走的时候，恰好鲁迅正在生病，为了不给病中的鲁迅添麻烦，她东渡日本的消息也没有告诉鲁迅。

> 萧红一去之后，并未给我一信，通知地址；近闻已将回沪，然亦不知其详，所以来意不能转达也。
>
> （《鲁迅书简·致茅盾》）

然而，病中的鲁迅却一直惦念着她。

怎么好长时间不见她前来看自己了呢？他像一个年迈的父亲，很纳闷着。

后来，知道她去了日本，就有疑问：她去了日本怎么不给自己写一封信，报一个平安呢？

可是，他也只是纳闷、疑问了。

这个时候，他的身体大不如前了。

于萧红而言，鲁迅差不多是半人半神式的、父亲一样的存在。

在去往鲁宅的那些时日，她更偷偷地记住了许多鲁迅以为没有记住的事情。她的《回忆鲁迅先生》，更是从日常生活细节着眼，细腻、动人地展现了鲁迅伟大而平凡的生活。

就此，世人得以看到鲁迅世俗生活中的蓬勃生机。

不得不说，这样的萧红是功绩满满的。

十年携手共艰危

十年携手共艰危，以沫相濡亦可哀。
　　　　　——《题〈芥子园画谱三集〉赠许广平》

拮据的日常

婚姻让爱情更具理性，爱情让婚姻更具灵性。只不过，婚姻的深处，还是有被琐碎家务缠绕的无奈。不管是谁，携手同行在婚姻路上，都将承受同样的平淡与坎坷。

痛并快乐的一生一世，才是朴素的、值得坚守的婚姻。

婚姻即是这般吧，于平淡乏味的油盐米醋、生活的琐碎之中，消磨了女人，改变了男人。

许广平，为了他们这个家，已经牺牲了很多。

　　许先生从早晨忙到晚上，在楼下陪客人，一边还手里打着毛线。……来了客人还要到街上去买鱼或鸡，买回来还要到厨房里去工作。……许先生是忙的，许先生的笑是愉快的，但是头发有些是白了的。

（萧红《回忆鲁迅先生》）

平日，她要买菜、做饭；忙时，她也要抄书、校对；闲时，她还要剪裁、缝纫。

鲁迅喜欢北方口味，许广平想请一个北方厨子，他却以开销太大为由，委婉拒绝了。其实，请一个厨子的开销，也就每月15元，充其量也就是写两篇千字文的费用。

鲁迅在财务管理方面，确实有点"抠门"了。那时，他们家里只请了两个工钱较少的年老女佣。

生活中，许广平买东西，总是到便宜的店铺去买，再不然就是到减价的地方去买。处处节省，把节省下来的钱，都用来支持鲁迅印书和刻画了。像所有的中国妇女一样，琐碎的家务成了她生活的全部，勤劳与节俭也成了她的优秀品质。

许广平默默承受着繁多的家务，以及种种的忧虑；她也默默承受着不少的委屈，以及种种的担忧。许多时候，与其说他俩是夫妻关系，倒不如说还是保持着以前的师生关系。除了照顾鲁迅的生活，她还要一边帮助他抄稿和校对，一边帮助他查找资料和购买图书。

这，便是爱吧。

爱惹祸的孩子

生活总是不易的，而做一个文学家的妻子更不易。

尤其家里还有一个小淘气，总是让他们不省心，更让她费尽了心思。

孩子也好了，但他大了起来，越加捣乱，出去，就惹祸，我已经受了三家邻居的警告……但在家里，却又闹得我静不下来，我希望他快过二十岁，同爱人一起跑掉，那就好了。

（《鲁迅书简·致萧军》）

小海婴三岁前，身体不怎样好，让他俩操了不少心，经常带着他去医院检查，打预防针。

等小海婴渐渐长大，却不好管了。

小海婴确实很调皮，一会儿要吃东西，一会儿要买玩具，整天闹个不停。客人来了他要陪，家里的小事他也要管。小海婴在楼下大闹，就吵得鲁迅不能安心看书写作。

有时，小海婴不怎么好好吃饭，鲁迅也就只能说些好话，哄一哄孩子。在鲁迅看来，他这一辈子从来没有对谁屈服过，除了自己的宝贝儿子。

小海婴四岁时，被送到幼稚园，但去了三四天，就闹着说老师不好不肯去，鲁迅竟然还认可了他的说法，不勉强他去。

直到小海婴五岁多，鲁迅才把他再送到幼稚园。不过，小海婴在家里却是一直跟着妈妈学习识字的。

有一次，小海婴说自己名字里"婴"字下面有"女"字，哭着闹着要求改名字。

或许因为鲁迅平时对他过于溺爱，所以海婴淘气又顽皮，尤其喜欢在家里胡闹。一旦幼稚园放了假，家里邻居都无宁日，他总要闯一两个祸出来。每次他闯了祸，邻居必定会找上门来，许广平就不得不赔礼道歉。

小海婴五岁时，喜欢上了看电影，鲁迅也经常带着儿子一起看电影。

小海婴快七岁时，以第一名的成绩在幼稚园毕业了。

他考了第一名，也要摆阔一下，给这个说一下，给那个讲一下，还要附上一笺，自己在上面写下一些字。

别样的夫妻

忙于家务、忙于孩子的她苍老了不少，对自己忽略了更多。诚如萧红写的：

> 因此许先生对自己忽略了，每天上下楼跑着，所穿的衣裳都是旧的，次数洗得太多，纽扣都洗脱了，也磨破了……

（萧红《回忆鲁迅先生》）

她如此忽略了自己，鲁迅却也多次忽略了她。

以前热恋的时候，他还与许广平一同游览杭州西湖。然而，住在上海的十年，他几乎没有带她去逛过公园。在他心情难以平复时，只会半夜里躺在冰凉的阳台地板上，从未想过让她分忧。某些时候，他也深感冷落了她，作为丈夫也有很深的愧疚感。

在一起的这么多年，他深切地感激她，感激她的出现，感激她为这个家所做出的种种牺牲。

鲁迅写文章时，是什么旁的事情都顾不到的，就连吃饭也是一种多余。因此，只要鲁迅处于写作状态，许广平就要小心，不敢闹出大动静，生怕打扰他写作。

就这样，她什么事都迁就他，总是勉强着自己。

鲁迅不爱游逛公园，却喜欢观看新上映的好莱坞大片。

> 二十三日晴……午后同广平邀冯太太及其女儿并携海婴往光陆大戏院观儿童电影《米老鼠》及《神猫艳语》。

（《鲁迅日记》）

一旦有什么好的大片上映，他总喜欢带上一家子与几个好友，一同去观看。

这也是他们之间少有的情趣所在了。

还有，就是他笔端的柔情了。

对妻子许广平，他所常做的是写下别具深情的情诗。比如，那首《题〈芥子园画谱三集〉赠许广平》就蕴含了他们老夫老妻相濡以沫的深挚情意。

十年携手共艰危，以沫相濡亦可哀。

聊借画图怡倦眼，此中甘苦两心知。

这一首情诗，短短的28个字，成为回赠她的最美好的爱情信物。这里面有他对她的理解，也有他对她的愧疚。

"十年携手共艰危"，已经成了老夫老妻，虽少了些许生活的激情，但多了一份平淡而幸福的包容、坚守。

"此中甘苦两心知"，嫁给一个为了崇高事业忙碌的男人，便是将自己也嫁给了他的崇高事业。

于许广平而言，她从不奢望什么，只求有这一份理解的心意就知足了。

鲁迅在人生的最后十年，与她相依为命，他的创作热情空前旺盛。他们相濡以沫的安稳生活，让他精力惊人地充沛。

珍惜当下，便是幸福婚姻里永远不可缺少的缘分。就如爱是起点，死是终点，他们的婚姻，从起点到终点都充满了真爱。

最后十年，他是幸福的，亦是知足的。

痛失知己瞿秋白

> 我把他的作品出版，是一个纪念，也是一个抗议，一个
> 示威！
>
> ——冯雪峰《回忆鲁迅》

痛失知己

在上海，瞿秋白算是鲁迅最为亲挚的好友。鲁迅每次翻阅瞿秋白编辑的《鲁迅杂感选集》，脑海中总能浮现他的一言一笑、一举一动。

可是，1935年4月，一个可怕的噩耗还是传到了鲁迅的耳端。

"瞿秋白，在福建长汀被捕了。"

到底发生了什么？

不久后，三弟建人送来一封瞿秋白署名"林祺祥"的信件，暗示鲁迅来营救自己：

> 我在北京和你有一杯之交，分别多年没通消

息……现在我被国民党逮捕了。你是知道我的，我并
不是共产党员，如果有人证明我确实不是共产党员的
话，并有殷实的铺保，可以释放我……

"林祺祥"，笔迹确实是瞿秋白的。

难道，秋白真的被捕了啊！随后，一个更为恐怖的消息从远
方传来——因为叛徒的出卖，瞿秋白的身份彻底暴露了，死是摆在
面前的了。在生命的最后时刻，他只得用血与泪写下一篇自传体的
《多余的话》。

这是一篇自白书，有两万余字，分七个部分。文章中，没有烈
士的豪言壮语，有的只是深刻的自我解剖。

在瞿秋白看来，不怕别人的责备、归罪，倒怕别人的"钦
佩"。但愿以后的青年不要学自己的样子，不要以为自己以前写的
东西就代表了什么主义。

所以我愿意趁这余剩的生命还没有结束的时候，
写一点最后的最坦白的话。……我自己忖度着，像我
这样性格、才能、学识，当中国共产党的领袖确实是
一个"历史的误会"。

（瞿秋白《多余的话》）

历史的误会，就是这样的不幸，将一个文弱书生卷入了时代的
洪流。

鲁迅这边不能总是等着，他想要付出一切代价去营救瞿秋白。
然而，力量是微薄的，后来听许寿裳说，国民党高级干部开会，大
部分人主张杀掉瞿秋白。

营救瞿秋白的最后一丝希望，就这样破灭了。

6月18日，瞿秋白在罗汉岭从容就义，时年36岁。

"秋白，真的死了……"鲁迅听闻了噩耗，悲痛非常，长久地

坐在那里一言不发。

"是七尺男儿，生能舍己；作千秋鬼雄，死不还家。"这是鲁迅为瞿秋白题写的一副挽联。

不得不说，瞿秋白之于鲁迅，如兄弟如朋友，既是心意相通的知己，又是同一战线的战友。

他俩经常合作写杂文，其中有多篇是他俩漫谈后瞿秋白执笔写成的，后经过鲁迅修改，最终用鲁迅的笔名发表。鲁迅还把它们收录到自己的文集里。

于鲁迅，秋白的惨死，是心底不能承受的痛。

鲁迅这辈子，遇到过太多虚伪的文人，也领教过太多张狂的青年，似瞿秋白这样的知己朋友是仅有的一个。他虽比鲁迅小18岁，但赤诚坦荡的君子气质让鲁迅由衷钦佩，并有一种难得的亲切感。

此生此世，再也没有一个人比得了他瞿秋白。

恨、恨、恨！

整理知己的遗稿

10月，鲁迅再次翻阅瞿秋白编辑的《鲁迅杂感选集》。

这一次，轮到他为好友秋白编辑稿子了。作为好友，这也是他仅能做的一点实事了。

瞿秋白的遗稿，鲁迅最为欣赏的，是那些难能可贵的翻译作品。

瞿秋白，不仅有非凡的翻译天赋，更有独创的翻译思想。他的这些翻译作品，实现了政治与文学的并重，被鲁迅称为"信而且达，并世无两"。

鲁迅和杨之华商议，现在瞿秋白的遗作一时难以全部搜集整理完成，但是翻译稿都很完整齐全，就先将翻译稿出版，然后再搜集整理其他遗作，之后出版。

瞿秋白的译作，大致可分为政治与文学两类。

在鲁迅看来，文学方面的译作更有价值，所以，他建议将其译作分为两类，一类是文艺论文，一类是小说散文，正好可分作两卷。并且，为了保持原作的本来面目，他持一字不改的原则，译名也不做统一，甚至连有些笔误也不改动。

1936年4月，鲁迅开始编写《海上述林》下卷的内容。

就这样，历经一年多的搜集、整理，终于编好60万字的瞿秋白遗稿。

这是一项巨大的编辑工程，除去编辑校对等正常的文字工作，对设计封面、选择插图乃至拟定广告、购买纸张等工作，鲁迅都是亲力亲为。然而，这一年鲁迅的身体状况越来越差了。如此繁重的工程，也透支了他的身体。为了知己好友，直至病逝前一个月，他还在进行《海上述林》的编校工作。

10月，瞿秋白的遗稿《海上述林》终于出版了。

> 我把他的作品出版，是一个纪念，也是一个抗议，一个示威！……人给杀掉了，作品是不能给杀掉的，也是杀不掉的！
>
> （冯雪峰《回忆鲁迅》）

这一部精美的纪念文集，不仅承载了鲁迅对这一份深厚友情的纪念，更承载了对他们共同精神的纪念。

无权者

冯雪峰的离去和瞿秋白的逝去，直接使鲁迅与左联个别作家的矛盾加剧。

尤其是周扬进入了左联的领导层，更是加大了鲁迅和左联的分歧。

我本是常常出门的，不过近来知道了我们的元帅（周扬）深居简出，只令别人出外奔跑，所以我也不如只在家里坐了。

（《鲁迅书简·致胡风》）

周扬，虽然只有二十几岁，却是一个颇有政治手腕的人物。

他在极短的时间内，将左联的文委全都换成了自己的人。一批知识青年，忠诚地围绕在他的身边，随时遣召指令。就这样，周扬大权在握，俨然一个元帅级人物。

不久，鲁迅就被排挤到了"无权者"的尴尬位置，就如宋江一步步将晁盖架空一般。

不过以周扬的伎俩，充其量他也只是如王伦般心胸狭窄，以小人之心度君子之腹。说来，鲁迅并不怎么稀罕左联"盟主"的位置。他天性喜欢自由，从不是贪恋权力的人。

只是，周扬等人却不这样认为。

鲁迅，在这些青年眼里确实没了权威，他们只当他是一个同路人。

他们处处以党的代言人自居，将左联的一切事务，统领到某某负责人手里。这样的党派优越感，是鲁迅始终厌恶的官僚做派。尤其是周扬等人还有着浓郁的党阀特质，他们个个像工头，总是指责他人偷懒不写文章，有时还从背后抽别人一鞭子。

鉴于"同人"身份，鲁迅只想尽量回避这一切，只是对左联的核心周扬感到极度失望。

他并非刻意针对周扬，只是不满他们霸道蛮横、热衷权力的做派。

在他看来，左联应该只是一个左翼作家的联合团体，不应该被周扬等人搞成一个政治团体。

荒诞的新编故事

我们从古以来，就有埋头苦干的人，有拼命硬干的人，有为民请命的人，有舍身求法的人。

——《且介亭杂文·中国人失掉自信力了吗》

民族的脊梁

鲁迅，确实不是革命家，既不赞成莽夫式的无谓暗杀，也不提倡以多数人的血染红的暴力革命。

他心里明白，改革最快的，还是火与剑。然而，现实生活中太多的流血事件，让他知晓刀子是不可轻动的，好比李逵的板斧，黑旋风挥臂一扫，倒下的都是一些无辜的看客细民。

他的非暴力呐喊，是一种韧性作战，是一种人性复苏。

留日时，朋友曾为了革命踊跃参加暗杀，却不能为革命改变什么；中年时，学生向政府请愿，被虐杀惨死，也不能换来想要的公理；晚年时，朋友为自由惨遭特务暗杀，更是印证了暴力不能解决问题。

血的教训，只能用血来书写。

所以，他始终不曾放弃青年时代的呐喊，这样的呐喊，是一个战士韧性作战的姿态。

他的呐喊，是一种非暴力的，带有启蒙色彩的觉醒式呐喊。

如果说，他前期重在批判国民心理的劣根性，揭示了"精神胜利法"；那么，后期则略有审视国民心理的优质性，提出了"民族的脊梁"。

"民族的脊梁"，在多重劣根性的包裹下，愈发显得难能可贵。

1935年前后，他写下了呼唤"民族的脊梁"的历史小说《非攻》与《理水》。

《非攻》中，墨子不仅是一个埋头苦干、为民请命的实干家，更是一个不畏强权、扶危救难的大侠。为了践行兼爱、非攻的主张，苦心游说楚王停止攻打宋国。

非攻，不动刀就能解决战端的高明手段，鲁迅是格外欣赏的。

动刀子，杀死的仅仅只是恶人吗？

非也，死的更多的，还是无辜的老百姓。

止楚攻宋的游说成功，不是墨子一逞口舌的强词夺理，而是利益权衡的胜利展现。然而，墨子完成了伟大的止楚攻宋，麻木的宋国民众，又是如何对待他的呢？

> 一进宋国界，就被搜检了两回；走近都城，又遇到募捐救国队，募去了破包袱；到得南关外，又遭着大雨，到城门下想避避雨，被两个执戈的巡兵赶开了，淋得一身湿，从此鼻子塞了十多天。
>
> （《故事新编·非攻》）

作为智者的墨子，与宋国民众之间存在着深深的鸿沟。

民众的无知冷漠，最终被时间吞没。同样，墨子的思想，也将消失于历史的黑洞，不为人所知。

人到晚年，鲁迅对民众启蒙，几乎流露出了绝望。

而对他的思想，任何当权者都可能厌恶，这注定他与墨子一样会有孤独与悲凉的结局。

《理水》中，鲁迅呼唤治水英雄大禹，同时也辛辣地鞭挞了黑暗官场的无耻丑态。拼命实干的大禹，确是我们需要的"民族的脊梁"。

然而，当大禹治水成功之后，却被曾经鄙弃的人包围了三层。这就是所谓的"文化包围"：第一层特权阶层，第二层文化阶层，第三层百姓代表。这样的"文化包围"，终将大禹与广大民众隔离。

而围在大禹身旁的人则有：一群高谈阔论、脱离现实的学者，一批假公济私、作威作福的官僚。

> 但幸而禹爷自从回京以后，态度也改变一点了：吃喝不考究，但做起祭祀和法事来，是阔绰的；衣服很随便，但上朝和拜客时候的穿着，是要漂亮的。
>
> （《故事新编·理水》）

一个"民族的脊梁"，一个治水的英雄，就这样被民众一步步"同化"了。

大禹的性情转变，只不过是历史轮回的一种常态。

到了人生的最后岁月，鲁迅写下的数篇历史小说，都是在积淀中发扬历史文化的精华，在批判中剔除历史文化的糟粕。

晚年的无力感

12月，他创作了《采薇》《出关》《起死》，算是对历史做出的"后现代"解构。

《采薇》，是一篇对复古文人挖苦批判的文章。

不食周粟，伯夷叔齐饿死首阳山；不识时务，保古守旧梦碎先王道。然而，鲁迅于挖苦批判之中，也略有赞赏他们为信仰坚守的高贵情操。

伯夷叔齐最终饿死首阳山，至于因何饿死，却是说法不一。饿死的真相有三：其一，流言蜚语乱传，心理压力过大而死；其二，兄弟失和，不再互相敬重而死；其三，因阿金的一句话，失去了活的念想而死。

看客群像，是鲁迅刻意塑造的一个间接杀害伯夷叔齐的群体。

看客，只是喜欢赏鉴他人的苦痛，不至于直接杀害他人。可是，在这些看客中间，偏偏就有一些好事的小人。一个是小丙君，他自命清高，以温柔敦厚的面孔，对伯夷叔齐的人格进行大肆污蔑。另一个是阿金，她的一句玩笑话，尖酸刻薄，直接导致伯夷叔齐饿死在首阳山。

自古以来，我们从不缺少小丙君与阿金这样的人，他们总是刻薄地奚落一些体制外边缘化的人，尽管他们自己压根也不是体制内的人。

《出关》的关键，还是一个"关"字。"关"就是人生一个关键的节点，也就是人生抉择的关键点。一篇《出关》，刻意将老子漫画化处理。鲁迅确实不怎么欣赏老子的"无为"思想，所以在他的笔下，老子算是一个消极无为的空谈家。

于当时的社会处境，不应该宣扬这样的消极无为思想。

最后一篇是《起死》，鲁迅直接批判了"第三种人"。在文中，庄子主张无是无非，给自己惹下一堆是非。

其实鲁迅并非全盘否定庄子，他有意将庄子分解成两个存在，一个是庸俗庄子，一个是狂人庄子。他所厌恶的，是庸俗庄子的装神弄鬼与攀附权贵，因而《起死》的辛辣批判，就是直指庸俗庄子的虚伪滑头，以此映射了那些攀附权贵圆滑世故派的所谓的"正人君子"们。

不可否认，《起死》的创作，凸显了鲁迅晚年深深的无力感。

其实，这些新编的荒诞故事，就是鲁迅论战的真实写照。

他讽刺那些装腔作势的文人，同情那些悲情末路的英豪，挖苦那些迂腐麻木的遗老。

他重写历史故事，将幽默讽刺发挥到了淋漓尽致，字里行间的嬉笑怒骂，其实道尽了人生在世的悲凉。

左联最后的溃散

集团要解散，我是听到了的，此后即无下文，亦无通知，似乎守着秘密。

——《鲁迅书简·致徐懋庸》

左联情结

1935年8月，中共中央发表了《为抗日救国告全体同胞书》。抗日民族统一战线，不是号召所有中国人投入抗日战场，而是中华民族要将抗日作为当前的第一要务。基于国家贫困又军阀混战的现状，中共提出"抗日民族统一战线"，确实是顺应时势之举。"抗日民族统一战线"，要求全国各个阶级力量大团结大联合，解决的就是人心和人力的问题。"抗日民族统一战线"的建立，也会间接提高军队的作战士气。

既然建立统一的抗日民族战线，左联的存在就变得有些尴尬。左联作为宣传思想的阵地，当时代要求不能再实行关门主义与宗派主义，就必须尽快解散。就这样，萧三回国时，突然带来了"国际革命作家联盟"的指示：在组织上取消左联。

鲁迅收到了萧三写给左联的信，感到一种难以言说的诧异。

"我们的工作要有一个大的转变。我们认为：在组织方面——取消左联，发宣言解散它，另外发起、组织一个广大的文学团体，极力夺取公开的可能，在'保护国家''挽救中华民族''继续五四精神'或'完成五四使命'……"

其实，在收到萧三的来信之前，周扬等人早已有了解散左联的念头。虽然鲁迅对左联确实略有不满，但仓促地取消它，无论从情感还是理性上，他都有些无法接受。

鲁迅对左联，始终有一种深沉的情结。

无论是创立左联还是培养青年，他都付出了太多的情感与精力。更何况，像柔石那样的有志青年，还为了左联惨死在敌人的屠刀下。现在解散左联，不就意味着要抹杀鲜血的记忆，放弃先前的战斗原则吗？

他对萧三的信，感到太多的不解。

"关于工人领导农村革命及反帝反封建的这一点，无论大的或小的作品差不多完全没有。这决不是一个偶然现象，这应该以左翼作家没有充分了解中国革命现在阶段之革命动力，不了解工农联合革命来作解释。"

为什么写文学作品，就一定要写工农阶级斗争呢？

为什么写农村题材，就一定要写工人阶级领导呢？

在他看来，这样的"统一战线"，就是向权力者低头屈服。而左联的解散，则表示向曾经的敌人宣布自己的失败。

然而，他毕竟不是政治家，不会考虑那么多的战略问题，只知道自己并不想解散左联。在他看来，左联的作家还很幼稚，随时都有丧失自身独立性的危险。这让他不得不联想到宋江等一百零八将的遭遇。

如此，自己往日的战斗，朋友昔日的流血，都付之东流了。

不过，鲁迅心里也明白，左联早已名存实亡，解散只是一个时间问题。只是他有一些担忧，担忧解散左联会引起全体成员的解散，更担忧成员解散后会再次遭到屠杀。

尽管有茅盾从中周旋，最终他还是不赞成。

他认为，左联的解散与否，应该组织部分成员一起讨论商定，而不应只是上面领导一声令下。

在左联常务会议上，徐懋庸汇报了鲁迅这一想法，并表示赞同鲁迅的意见。这次会议，周扬没有出席，胡乔木主持会议并做了长篇发言。

在他看来，统一战线是群众团体，左联也是群众团体。在一个群众团体里秘密包含另一个群众团体，自然造成没有必要的宗派主义。更为不好的是，左联将成为具有第二党性质的存在。

后来，在徐懋庸的多次游说下，鲁迅最终同意了解散左联，但要求必须做一个公开声明。

可是，最终在没有公开声明的情况下，左联被提前解散了。

这一次，他们不但没有请示鲁迅的意见，甚至连一个声明也不曾发表，在鲁迅全然不知的情况下悄悄完成了解散。

鲁迅只知道，这不是解散，而是溃散。

在他看来，集团要解散，是听到了的，此后就没有了下文，也没有什么通知，似乎守着秘密。不知道这是同人的决定，还是别人参与了意见？倘若是前者，是解散；倘若是后者，那是溃散。这并不是很小的问题，自己却一无所知。

就这样，左联在中国文坛销声匿迹了。

永葆个人的自由

1936年6月，一个"中国文艺家协会"诞生了。

早在3月，文艺家协会的新组织，便展开了为期三个月的筹备。

　　"中国文艺家协会"的核心人物是茅盾。

　　此时，周扬等人一再游说鲁迅，请求他加盟"文艺家协会"。

　　然而，这一次他下定决心绝不加入任何文学组织了。他宁肯一个人独行，也不愿再卷入任何纷争。

　　随后，他参加了一个没有实体组织的文学团体，并发表了《中国文艺工作者宣言》。

　　在鲁迅看来："《文艺工作者宣言》不过是发表意见，并无组织或团体，宣言登出，事情就完，此后是各人自己的实践。有人赞成，自然很以为幸。不过并不用联络手段，有什么招揽扩大的野心。有人反对，那当然也是他们的自由，不问它怎么一回事。"

　　这个宣言，更加强调斗争的多样性，同时也注重个体分子的自由。这是他所坚持的保持个人独立，不受任何组织团体制约的理念。

　　打破周扬之流的言论垄断，一度是他团结文学青年的原因之一。这次宣言的宗旨，也是强调不要因为"统一战线"而湮没了个人的自由。

　　在他看来，中国文艺家协会之中热心者不多，多数大抵是敷衍，更有些人只是想借此谋利或害人。

　　不久，正如鲁迅所料，中国文艺家协会除了热衷口号问题的争论，并没有什么实质性的活动，最后，不可避免地解散了。

向死而生的反抗

> 回忆《坟》的第一篇，是一九〇七年作，到今年足足三十年了，除翻译不算外，写作共有二百万字。
>
> ——《鲁迅书简·致曹靖华》

肺病

日复一日的无情批判，是一种肉体上的折磨；年复一年的现实战斗，是一种精神上的消耗。

没完没了的笔战，终于击垮了鲁迅的身体。

他的肺病又复发了，这次引起了严重的结核性胸膜炎。

肺病，不仅是那个时代的才子病，更是一种灵魂病。不可否认，经常性的心理压抑、情绪动怒是其根源。

然而，"两个口号"的论争再次将他卷入一场消耗精神的笔战。

这一场论争，动怒伤身，让他的病情再次加重。

早在5月31日，好友史沫特莱就请来上海最好的美国肺病专家托马斯·邓恩给他诊断过。

> 邓医生……说须赶紧抽去肋膜积水，赶紧医治，
> 可医好的，如果拖下去，秋后必定会死去。
>
> （周建人《略讲关于鲁迅的故事》）

他的肺病非常严重，这一次，他必须积极配合治疗，如此至少还可多活几年。倘若不治疗，不到半年他就会死去。

鲁迅毕竟是学医出身，知道属于自己的时间已经不多了。所以，在生命的最后一年，他的笔还是不肯放下，一连写下数篇意致纵横的散文。

一篇《半夏小集》，表达了一种深刻的批判意识。

> 用笔和舌，将沦为异族的奴隶之苦告诉大家，
> 自然是不错的，但要十分小心，不可使大家得着这
> 样的结论："那么，到底还不如我们似的做自己人
> 的奴隶好。"
>
> （《且介亭杂文末编·半夏小集》）

一篇《女吊》，传达了一种沉重的复仇意识。

> 被压迫者即使没有报复的毒心，也决无被报复的恐
> 惧，只有明明暗暗，吸血吃肉的凶手或其帮闲们，这才
> 赠人以"犯而勿校"或"勿念旧恶"的格言，——我到
> 今年，也愈加看透了这些人面东西的秘密。
>
> （《且介亭杂文末编·女吊》）

他清醒地意识到，最高的轻蔑是无言，而且连眼珠子也不转过去。他深情地回忆，发现自己的根与女吊无异，这是带有反抗性的

回归。

回忆

和时间赛跑，鲁迅决意再写一组类似《朝花夕拾》的回忆性散文。

如果简单地认为，他一味地宣扬复仇主义，那就是最大的误解。此刻，他的内心充满了仁爱，乃至暗藏着一种细腻的怜爱情怀。

爱，是他作品的另一面。

翻开这些回忆散文，在字里行间，我们读到的不再只有愤怒与悲凉，还有别样的温情与暖意。

《我的第一个师父》，浸透着他对龙师父的深情怀念。

> 我的师父，在约略四十年前已经去世；师兄弟们大半做了一寺的住持；我们的交情是依然存在的，却久已彼此不通消息。但我想，他们一定早已各有一大批小菩萨，而且有些小菩萨又有小菩萨了。
>
> （《且介亭杂文末编·我的第一个师父》）

鲁迅晚年的笔力愈发雄健，寥寥几笔就把故人写得鲜活起来。

此时此刻，他最惦念的，还是远在北平的母亲。他很早便想写几篇关于母爱的文章。不过，都因那一场无爱的婚姻，消磨了他的心意，打消了他的念头。

母爱于他是伟大的，但也是盲目得可怕。

"母爱"的主题，让他思考了大半生，到了生命的尽头还是未动笔。

不过，鲁迅还是借《凯绥·珂勒惠支版画选集》，表达了他对母爱深刻的理解。

> 只要一翻这集子，就知道她以深广的慈母之爱，
> 为一切被侮辱和损伤者悲哀，抗议，愤怒，斗争。
> （《且介亭杂文末编·〈凯绥·珂勒惠支版画选
> 集〉序目》）

他也开始惦念起二弟，只是无奈与周作人已越走越远。在他眼里，老二有点昏，有些糊涂，难免在一些大是大非的问题上做出傻事。

他还怀念起了瞿秋白，曾花了两年时间搜集编校他的遗文，如今，《海上述林》下卷还没有出版，他总是念念不忘。

往事依稀，他惦念起了藤野先生，只是不知道先生现在过得怎么样。他多么希望先生还健在，能读一下那篇《藤野先生》。他还惦念起了章太炎，并饱含深情地写下两篇关于恩师的散文。

6月14日，太炎先生离世了。追悼会竟然不满百人，这是何等的孤独寂寥啊。

> 战斗的文章，乃是先生一生中最大，最久的业
> 绩，假使未备，我以为是应该一一辑录，校印，使先
> 生和后生相印，活在战斗者的心中的。
> （《且介亭杂文末编·关于太炎先生二三事》）

"吾爱吾师，吾尤爱真理"，在他温情的笔下再现了一个精神楷范和斗士形象。

当我们回顾鲁迅的一生，发现他总是把深沉的爱埋藏在心底。他的愤怒与呐喊，只是他立人与爱人的另一面。

他放心不下自己的妻儿，尤其是小海婴。小海婴还不到8岁，希望他以后能健康成长，万万不可去做空头文学家或美术家。此

时，他在脑海里，一一回忆了海婴的成长瞬间。

海婴前几日，还抱怨自己没有兄弟姐妹呢！

时间过得飞快，没想到，儿子已经7岁了，确实只生他一人，冷清得很。

他心里很明白，最要感谢的是许广平，要是没有她，很难想象自己这十多年来，该怎么走过。

战绩

生命的最后时刻，他只能以写作对抗对死亡的恐惧。

生命的最后时刻，他还在清算深藏于传统文化中的毒瘤，对死的敏感话题不曾放手。

他有辉煌的创作战绩，也有未完成的创作遗憾。

他曾经计划撰写一部学术著作《中国文学史》，为了撰写这一部学术巨著，他不仅购买了大量的古籍资料，还构思了宏伟的学术体系。他早年所作《汉文学史纲要》，仅仅是这一部学术巨著的一个纲要性作品。其实，他早已列好了各章的目录，只是忙于其他事务，一直搁置而未完成。

鲁迅的遗憾，还包括没写过一部长篇小说。

他曾经构思过一部关于中国知识分子命运的长篇小说。当时，他自信能完成这部关于四代知识分子命运的作品。四代知识分子的现实原型分别是自己身边的朋友和老师：第一代是章太炎的一代，第二代是鲁迅的一代，第三代是瞿秋白的一代，第四代是冯雪峰的一代。他构思这部小说，从一个读书人的大家庭衰落写起，一直写到20世纪30年代中叶，可谓一部跨度四五十年的晚清民国史。至于小说的艺术笔法，可以打破过去的体例，一边叙述，一边议论，自由变换叙事视角。

还记得，1927年9月，瑞典人斯文赫定征询他的意见，想将他的作品推荐给诺贝尔文学奖评委。当时，他委婉地拒绝了对方，认为诺贝尔奖梁启超都不配，何况自己呢？

然而，由于一直忙于应付各种论战，时间与精力总是不济，这些未完成的作品一直被搁置。

在鲁迅看来，"回忆《坟》的第一篇，是一九〇七年作，到今年足足三十年了，除翻译不算外，写作共有二百万字，颇想集成一部（约十本），印它几百部，以作纪念，且于欲得原版的人，也有便当之处。"

鲁迅一心筹划的这一计划生前未能实现。1941年，许广平以这个方案为基础编成了《鲁迅三十年集》，共三十册，算是他三十年文学创作的总集，可以分两类：一是文学创作，二是小说研究。两者或多或少都与新文学相关。

三十年来，他笔耕不辍，创作了两百万字的文学精品。

四十年来，他坚强不屈，塑造了知识分子的崇高丰碑。

民族魂的死后复活

身后万民同雪涕，生前孤剑独冲锋。

——许寿裳《哭鲁迅墓》

病逝

直到生命的最后时刻，鲁迅也不肯放下手中的笔。

1936年10月18日凌晨，他的气喘病突然发作。

天刚亮，他便握起笔来，吃力地给内山老板写下一封求助医治的短信。谁也不曾想到，这一封日文短信成了他的绝笔。

老板几下：

没想到半夜又气喘起来。因此，十点钟的约会去不成了，很抱歉。

拜托你给须藤先生挂个电话，请他速来看一下。

草草顿首

L拜 十月十八日。

医生须藤先生来了，可是，用尽一切办法还是无法缓解鲁迅的病痛。

他心里明白，死神正悄悄向自己走来。

18日晚上，许广平静静守在他的身旁，紧紧地握住他那双干瘦的手。

当生命走到了尽头，有一个挚爱的亲人守在身旁，也算是最后的安慰了。

这一次，他再也不能"执子之手"了，也无法"与子偕老"了。无论怎样，有她牵手陪伴，不再那么惧怕死亡了。

19日凌晨5时25分，他闭上了双眼，永远！永远！永远！

周建人来了，冯雪峰来了……

朋友们来了，而他却去了……

遗嘱

鲁迅生前没有留下正式的遗嘱，只不过在《死》中写下过这样类似遗嘱的文字：

一，不得因为丧事，收受任何人的一文钱。——但老朋友的，不在此例。

二，赶快收敛，埋掉，拉倒。

三，不要做任何关于纪念的事情。

四，忘记我，管自己生活。——倘不，那就真是胡涂虫。

五，孩子长大，倘无才能，可寻点小事情过活，万不可去做空头文学家或美术家。

六，别人应许给你的事物，不可当真。

七，损着别人的牙眼，却反对报复，主张宽容的人，万勿和他接近。

（《且介亭杂文末编·死》）

除去最后两条让人不解的遗嘱，其余皆涉及身后的各项安排。

最后两条遗嘱，一条有意提醒世人警惕那些漂亮的谎言，另一条还是他一贯反对虚伪的言论。

> ……欧洲人临死时，往往有一种仪式，是请别人宽恕，自己也宽恕了别人。我的怨敌可谓多矣，倘有新式的人问起我来，怎么回答呢？我想了一想，决定的是：让他们怨恨去，我也一个都不宽恕。

（《且介亭杂文末编·死》）

回顾他的一生，其境遇充满了种种的不顺遂，不是在墙边碰壁便是在荒原处的寂寥。

终其一生，他拥有的是一个孤独的灵魂。

生命的终点，他处在屈子的悲观主义之中，不用孔子的理想主义替代，只得用庄子的虚无主义冲淡一切。然而，这样走向悲观的边缘，不仅是一种内在的反思，更是一种内在的反抗。

葬礼

鲁迅先生，悄然离世了。

小海婴，还不知道到底发生了什么，只是看到父亲一直躺着睡着了。他只知道，母亲让自己稚嫩的小手写下了"鲁迅先生之墓"六个大字。

他，不过是个7岁的孩子，对生离死别还不甚懂。

最苦、最痛的是许广平了，十年相伴，如今别离，该有多少不舍，又有多么痛彻心腑。不过，她是坚强的，强忍悲痛与冯雪峰等人商定鲁迅先生的丧事怎样处理。

后来，他们起草了150字的讣告。

鲁迅先生讣告

鲁迅（周树人）先生于一九三六年十月十九日上午五时二十五分，病卒于上海寓所，享年五十六岁。即日移置万国殡仪馆，由二十日上午十时至下午五时，为各界瞻仰遗容的时间。依先生的遗言"不得因为丧事，收受任何人的一文钱"，除祭奠和表示哀悼的挽词花圈等以外，谢绝一切金钱上的赠送。谨此讣闻。

鲁迅先生的病逝，震惊了上海，震惊了整个中国，社会各界名流纷纷撰写挽联以示哀悼。

著述最谨严，非徒中国小说史；遗言太沉痛，莫作空头文学家。

（蔡元培）

踏《莽原》，刈《野草》《热风》《奔流》，一生《呐喊》；痛《毁灭》，叹《而已》《十月》《噩耗》，万众《彷徨》。

（孙伏园）

19日下午，全国各大报刊的头条报道了文坛巨星鲁迅先生逝世的消息。

在北平，周作人收到三弟的电报，得知这一噩耗，不禁悲从中来。

"大哥，走了！"

作人心里明白，这个曾经最懂自己的人，就这样走了，还说什么呢？

不能让母亲知道这个噩耗，她一定受不了这个刺激。

"老大出事了！"母亲鲁瑞还是知晓了。她没想到老大竟先自己而去，他这一辈子确实苦了自己。

这个消息对朱安来说，更是巨大的打击。她没想到，自己苦等了一辈子，到头来等到的是大先生离自己而去的消息。

20日，在西三条里，朱安设下了灵堂，她一身素装，燃起了香火，摆上了鲁迅生前最爱吃的点心，要祭奠丈夫的在天之灵。

20日至22日，在上海万国殡仪馆，社会各界人士前来瞻仰鲁迅先生的遗容。

在一片哀歌声里，一面白缎黑绒的"民族魂"大旗，轻轻地覆盖在了鲁迅的灵柩上面。

16个青年作家，缓缓地抬起鲁迅的棺木，一步步走向万国公墓。

凭吊，一万余的民众，瞻仰他的遗容；追随，六七千的民众，一起为他送葬。

22日下午4点，在万国公墓，鲁迅先生的葬礼开始了。

全世界千百万的人民，一起哀悼这颗文坛巨星的陨落。

"民众的葬礼"，在中国是破天荒的第一个。

鲁迅先生不是基督，但骨子里有一种与民众休戚相关的情怀，这应该就是民众发自内心敬爱他的缘由吧！

挚友

1937年1月，许寿裳南返上海，特意前往万国公墓看望这个一生难忘的亡友。

老友归来，感慨万千，阴阳两隔，痛哭之外，只能吟诗一首：

> 身后万民同雪涕，生前孤剑独冲锋。
> 丹心浩气终黄土，长夜凭谁叩晓钟。
>
> ——《哭鲁迅墓》

也许就在这一刻，许寿裳先生决定将自己剩余的岁月，全部奉献给亡友鲁迅。在他的余生，他要向世人传扬亡友鲁迅的精神，以此作为自己生命的第一要务。

一篇《亡友鲁迅印象记》，许先生用真诚的心撰写了鲁迅的生平事迹，言简意赅而不失温馨，率真自然而不失深刻。他用自己的真诚写活了鲁迅，把鲁迅的真性情写得淋漓尽致。

一篇《我所认识的鲁迅》，让千千万万个读者，读出了这个世界最纯真最伟大的友情。

1946年6月，许先生受邀到了台湾，依旧矢志不渝地传播着鲁迅精神，这也为他招来了杀身之祸。

1948年2月18日，许先生在寓所惨遭暗杀，享年65岁。

缅怀

没有伟大的人物出现的民族，是世界上最可怜的生物之群；有了伟大的人物，而不知拥护，爱戴，崇仰的国家，是没有希望的奴隶之邦。因鲁迅的一死，使人自觉出了民族的尚可以有为，也因鲁迅之一死，使人家看出了中国还是奴隶性很浓厚的半绝望的国家。

（郁达夫《怀鲁迅》）

虽然鲁迅先生走了，但他的精神还在。

整个中国文化，就是一个个像鲁迅先生这样的先贤，用自己的仁爱与智慧构建起来的。当我们追溯历史，总能发现一些可歌可泣的故事，或许有的辉煌一些，有的黯淡一点。

这些故事的背后，总有一些让你感动、让你流泪的人物。

他们曾经为了这个苦难的国家付出了太多辛劳和血泪。他们的肉体早已逝去，但他们的精神却永远活在我们的心底。

其实，无论追溯过去还是展望未来，都只为了更好地活在当下！

每一个深爱国家与民族的中华儿女，前进吧！

为了我们百年富强的中国梦，努力吧！

参考书目

[1]　鲁迅. 鲁迅全集[M]. 北京：人民文学出版社, 2005.11.

[2]　许寿裳. 亡友鲁迅印象记：许寿裳回忆鲁迅全编[M]. 上海：上海文化出版社, 2006.07.

[3]　周作人. 周作人自编集：鲁迅的故家[M]. 北京：北京十月文艺出版社, 2013.08.

[4]　周作人. 周作人自编集：鲁迅的青年时代[M]. 北京：北京十月文艺出版社, 2013.08.

[5]　周作人，著. 止庵，校订. 周作人自编集：鲁迅小说里的人物[M]. 北京：北京十月文艺出版社, 2013.07.

[6]　周建人，著. 周晔，笔录.鲁迅故家的败落[M]. 福州：福建教育出版社，2001.08.

[7]　冯雪峰.冯雪峰忆鲁迅[M]. 石家庄：河北教育出版社，2001.08.

[8]　俞芳.我记忆中的鲁迅先生：女性笔下的鲁迅[M]. 石家庄：河北教育出版社，2000.12.

[9]　许广平. 鲁迅的写作和生活：许广平忆鲁迅精编[M]. 上海：上海文化出版社, 2006.07.

[10]　周海婴.鲁迅与我七十年[M]. 海口：南海出版公司, 2001.09.

[11] 何梦觉. 鲁迅档案：人与神[M]. 北京：中国工人出版社，2002.01.

[12] 李长之. 鲁迅批判[M]. 北京：北京出版社，2003.01.

[13] 曹聚仁. 鲁迅评传[M]. 上海：复旦大学出版社，2006.01.

[14] 王晓明. 无法直面的人生：鲁迅传[M]. 上海：上海文艺出版社，1993.12.

[15] 朱正. 鲁迅传[M]. 北京：人民文学出版社，2013.01.

[16] 刘再复. 鲁迅传[M]. 北京：人民日报出版社，2010.01.

[17] 陈漱渝. 鲁迅正传[M]. 南京：江苏文艺出版社，2010.01.

[18] 林贤治. 人间鲁迅[M]. 北京：人民文学出版社，2010.09.

[19] 林贤治. 反抗者鲁迅[M]. 上海：复旦大学出版社，2011.03.

[20] 林贤治. 鲁迅的最后十年[M]. 上海：复旦大学出版社，2011.03.

[21] 林贤治. 一个人的爱与死[M]. 上海：复旦大学出版社，2011.03.

[22] 段国超. 鲁迅家世[M]. 北京：教育科学出版社，1998.09.

[23] 乔丽华. 我也是鲁迅的遗物：朱安传[M]. 上海：上海社会科学院出版社，2009.12.

[24] 王瑶. 鲁迅作品论集[M]. 北京：人民文学出版社，1984.08.

[25] 王乾坤. 鲁迅的生命哲学[M]. 北京：人民文学出版社，1999.07.

[26] 汪晖. 反抗绝望：鲁迅及其文学世界[M]. 石家庄：河北教育出版社，2000.12.

[27] 郜元宝. 鲁迅六讲[M]. 上海：上海三联书店，2000.10.

[28] 钱理群. 鲁迅作品十五讲[M]. 北京：北京大学出版社，2003.09.

[29] 钱理群. 与鲁迅相遇：北大演讲录之二[M]. 北京：生活·读书·新知三联书店，2003.08.

[30] 钱理群. 心灵的探寻[M]. 石家庄：河北教育出版社，2005.07.

[31] 钱理群. 周作人传[M]. 北京：北京十月文艺出版社, 1990.09.

[32] 日竹内好，著. 靳丛林，编译. 从"绝望"开始[M]. 北京：生活·读书·新知三联书店, 2013.03.

[33] 孙玉石.《野草》二十四讲[M]. 北京：中信出版社, 2014.06.

[34] 李欧梵. 铁屋中的呐喊：李欧梵作品[M]. 北京：人民文学出版社, 2010.09.

[35] 史志谨. 鲁迅小说解读[M]. 北京：中国社会科学出版社, 2004.08.

[36] 魏洪丘. 鲁迅《朝花夕拾》研究[M]. 北京：中国言实出版社, 2014.08.

[37] 陈漱渝. 一个都不宽恕：鲁迅和他的论敌[M]. 北京：人民日报出版社, 2010.04.

[38] 房向东. 鲁迅与胡适：立人与立宪[M]. 上海：上海交通大学出版社, 2016.01.

[39] 房向东. 恋爱中的鲁迅：鲁迅在厦门的135天[M]. 上海：上海交通大学出版社, 2016.01.

[40] 房向东. 新月边的鲁迅：鲁迅与右翼文人[M]. 上海：上海交通大学出版社, 2016.01.

[41] 房向东. 被诬蔑被损害的鲁迅：鲁迅去世后对他的种种非议[M]. 上海：上海交通大学出版社, 2016.01.

[42] 陈铁健. 瞿秋白传[M]. 北京：红旗出版社, 2009.05.

[43] 葛浩文. 萧红传[M]. 上海：复旦大学出版社, 2011.01.

[44] 钟小安. 许寿裳评传[M]. 北京：中国社会科学出版社, 2012.05.

[45] 孔庆东. 正说鲁迅[M]. 北京：中国文联出版社, 2012.04.

[46] 陈丹青. 笑谈大先生[M]. 桂林：广西师范大学出版社,2011.01.

[47] 张守涛. 凡人鲁迅：那些年，鲁迅经历的笔墨官司[M]. 南京：江苏文艺出版社, 2016.05.

[48] 阎晶明. 鲁迅还在[M]. 南京：江苏文艺出版社, 2017.09.

[49]　孙玉祥. 猛兽总是独行：鲁迅与他的朋友圈[M]. 南京：江苏凤凰文艺出版社, 2018.09.

[50]　许寿裳. 鲁迅先生纪念集：鲁迅先生年谱[M]. 1979.12.

后记

在多舛的岁月中，我有幸与鲁迅相遇。

将心比心，我以一种体验者的心态，顺着他曾经走过的心路，用心感悟一遍。虽然我没有经历过悲惨的家庭变故，但经历过学业坎坷的惨痛。正如少年鲁迅面对未来求学无处一样，我与他有了相似的迷茫心态。正因此，我好像找到了更好地理解他的心灵世界的入口。

中学时代，我因为忙于应付考试，脑海里的鲁迅只是一个冰冷的概念。后来，孔庆东在"百家讲坛"讲《正说鲁迅》，给了我最早认识鲁迅的契机。

高三那年，在学校图书馆，偶然读到了许寿裳的《鲁迅传》，才算是第一次真正接触到一个真实的鲁迅。

从那时起，自己才真正开始阅读鲁迅的作品。

到了大学，自由支配的时间多了，学校也有海量的图书，于是我便开始了通读《鲁迅全集》的大工程。那段时间，我还深入阅读了几本有名的鲁迅传记。记忆最深刻的，是王晓明的《鲁迅传》与林贤治的《人间鲁迅》。可以说，这两部传记，都深入观照了鲁迅的灵魂深处，写出了鲁迅内心深处的"真"。

那段时间，钱理群解读鲁迅作品的系列著作，也成了我的必读书。

感到庆幸的是，在大三那年，我还有缘拜访了著名的鲁迅研究专家段国超老师。段老师很欣慰，90后竟然也有鲁迅的忠实粉丝。还记得，我与段老师一起探讨鲁迅与朱安。段老师指出，鲁迅的生平叙述不能少了朱安。段老师还鼓励我多读一些专业的鲁迅研究作品。

大学毕业后，我走上了工作岗位，从事中学语文的教学工作，由此接触到了语文教学世界里的鲁迅。近年来，鲁迅的作品在语文教材里的比重确实有所下降，但他依旧是语文世界里的"一哥"。教育部选编的语文教材，初中每册至少选一篇鲁迅的文章，更何况初中生还必读《朝花夕拾》与《呐喊》。

以上这些，均为我撰写本书，打下了坚实的基础。

我始终相信，写作是一种灵魂救赎的劳动，它可以有效地防止灵魂向下走。

在大学的几年，我曾写下七万字的关于鲁迅的文章。最高兴的是，通过阅读写作我发现了一个不一样的鲁迅。

在一个作协老师的建议下，我开始有了创作《亲爱的鲁迅先生》的想法。

这是多么狂妄的想法，但我最终还是在几个朋友的鼓励下，壮了胆子写起来。

2015年2月，算是正式开始撰写《亲爱的鲁迅先生》的日子。然而，撰写《亲爱的鲁迅先生》，绝非一件轻而易举的事。

我的写作，开始是以鲁迅年谱作为纲要，主要采纳的是许寿裳撰写的《鲁迅先生纪念集：鲁迅先生年谱》。在撰写过程中，我参阅了各种鲁迅传记，学习其他鲁迅研究专家是怎么写鲁迅的。我确定了书写的框架和写作风格后，融入以往三万多字的读书札记，侧重分析鲁迅的生平著作、文章、论点，结合生平事迹，梳理他一生的精神历程，聚焦他的感情与心灵，以呈现一个真实的鲁迅。

2020年1月，春节还未到，距离《亲爱的鲁迅先生》动笔的那年，正好过了五年；距离第一次真正阅读鲁迅的那年，正好过了十年。

五年间，这部作品被修改了三次，最终得以完成。

林贤治的《人间鲁迅》，是将鲁迅从神坛请回人间；而我的《亲爱的鲁迅先生》，是解读鲁迅从平凡到伟大的心路历程。林贤治生活在一个神化鲁迅的时代，而我生活在一个淡忘鲁迅的时代。因而，我们当前的任务，不是简单地澄清神化的鲁迅，而是解答鲁迅为什么能从平凡走向伟大。

读至此，如果你能对此问题有些自己的感悟，那么我的叙述便是值得的。

阅读鲁迅的十年，我收获了两点人生启示，指引着我未来的文学方向。

其一，要有坚韧的精神，不轻言放弃。

每当我听到文学青年不幸自杀的消息时，总是感到一种难以言说的不解。是我们的世界太荒谬，还是我们的青年太脆弱？试想，鲁迅的一生遭受过多少不幸与惨痛，可是他从来也没想过用自杀的方式来了却自己的生命。韧性作战，是鲁迅一生坚持的信条。

其二，批判，是真正的知识分子必须坚守的文化责任。

鲁迅的批判，是对中国文化精神的重塑和对糟粕的剔除。当前，批判与重构应该同时进行，只有这样我们才能承担起真正的知识分子所要坚守的文化责任。

任何写作，都不是作者单独完成的，作者背后还有很多默默的支持者。

我要感谢著名的鲁迅研究专家段国超老师，在百忙中不顾年高体弱为本书写了一篇长序。段老师也是研究《史记》的著名学者，他在长序中不但为我这种以情入传的写作正名，更以老学者的真挚情感，对青年寄予了无限希望。

我要感谢那些和我一样喜爱鲁迅的朋友，在百忙中阅读支持我的作品。

我最应该感谢的还是父母，正因为有他们的理解与支持，我才能够顺利地写完这本书。

总而言之，由于各方面的支持与帮助，本书得以出版。

最后，我向所有的朋友、老师表示衷心的感谢！

张思哲
2020年01月10日

图书在版编目（CIP）数据

亲爱的鲁迅先生 / 张思哲著. -- 长沙：湖南文艺出版社，2023.4

ISBN 978-7-5726-0914-5

Ⅰ.①亲… Ⅱ.①张… Ⅲ.①鲁迅（1881-1936）—传记 Ⅳ.①K825.6

中国版本图书馆 CIP 数据核字（2022）第 210336 号

上架建议：文学·人物传记

QIN'AI DE LUXUN XIANSHENG
亲爱的鲁迅先生

著　　者：张思哲
出 版 人：陈新文
责任编辑：匡杨乐
监　　制：于向勇
选题策划：沐读文化
策划编辑：楚　静　徐　妹
营销编辑：时宇飞　黄璐璐
装帧设计：即刻设计
出　　版：湖南文艺出版社
　　　　　（长沙市雨花区东二环一段 508 号　　邮编：410014）
网　　址：www.hnwy.net
印　　刷：北京嘉业印刷厂
经　　销：新华书店
开　　本：875 mm×1230 mm　　1/32
字　　数：320 千字
印　　张：10.5
版　　次：2023 年 4 月第 1 版
印　　次：2023 年 4 月第 1 次印刷
书　　号：ISBN978-7-5726-0914-5
定　　价：56.00 元

若有质量问题，请致电质量监督电话：010-59096394
团购电话：010-59320018